INTRODUCTION

§ 1er. — A côté de la partie théorique du droit, que l'on a appelée droit déterminateur, et qui fixe la nature et les conditions des droits, se place une autre partie, le droit sanctionnateur, avec lequel on entre dans le monde des faits.

Cette deuxième partie n'est pas la moins importante puisqu'elle donne au droit la vie.

Dans une législation formaliste et rigoureuse comme était celle de Rome, chaque droit est coulé dans une action qui revêt une forme propre. Le droit est la substance, l'action est la forme : et comme c'est la forme qui tombe sous les sens, le droit se confond souvent avec l'action, *forma dat esse rei*. Pour bien faire, il faut que ce moule, l'action, comprenne toute la substance c'est-à-dire tout le droit ; et, d'autre part, il n'y faut introduire aucun élément étranger à la question qui fait le point précis du débat. Ce qui est la perfection au point de vue de l'art juridique ne l'est pas moins au point de vue pratique ; car la simplicité de la question posée, l'unité de formes pour toutes les questions de la même espèce, et jusqu'à la raideur des règles qui enchaînent celui qui doit dire le droit, assurent l'uniformité des décisions judiciaires, ce qui est en tous lieux une des plus précieuses qualités de la justice.

Si merveilleux que l'on suppose l'instinct juridique des Romains, on ne peut s'attendre à trouver dès l'origine de leur législation cette équation du droit et de sa sanction qui est l'idéal proposé.

A cette heure, il nous paraît impossible encore de procurer toujours aux personnes le bénéfice entier de leurs droits. En vain la force, qui ne se confond pas avec le droit, comme on le veut en Allemagne (1), mais qui, du moins, lui prête un légitime appui, en vain la force plie-t-elle les volontés qui prétendent faire échec à la liberté et au droit à l'existence des membres de la société (2) : la force est impuissante à assurer en tous cas l'exécution du droit ; et dans ce fait même je vois une preuve de la distinction originelle du droit et de la force.

---

(1) Voyez notamment M. Ihering, *der Zweck im Recht.*
(2) V. Kant, *Principes métaphys. du droit.* Introd. à la métaphys. des mœurs, § D.

Qu'on me fasse une injure : la loi ne peut me procurer qu'une compensation ; elle ne sait pas effacer le fait accompli. Qu'on détruise une chose qui m'appartient : la loi ne peut évidemment la faire renaître à mon profit, et je dois me contenter de la restitution de sa valeur. Qu'un artiste s'oblige envers moi à exécuter une œuvre de son art ; sa volonté est maîtresse de mon sort, aucune contrainte ne pourra me procurer la prestation que j'ai le droit d'exiger ; en ce cas encore on évaluera en argent le préjudice que j'ai souffert. Y a-t-il vraiment satisfaction ? En d'autres termes, entre les moyens que j'ai de faire valoir mon droit et ce droit lui-même y a-t-il égalité ? Évidemment non. L'injure est un fait accompli ; la perte de ma chose est irréparable ; l'argent ne vaut pas pour moi l'œuvre d'art que j'espérais posséder.

L'impossibilité physique, dérivant de la résistance des lois naturelles, et l'impossibilité morale de forcer le libre arbitre de l'homme sont, en effet, invincibles. Quand on rencontre l'une d'elles, le droit demeure forcément méconnu.

Mais supposons qu'une personne est en possession d'un bien dont je n'ai perdu la propriété par aucune des voies de droit : l'objet existe et il ne s'agit pas d'obtenir de cette personne un effort personnel, une adhésion de sa volonté. Je pourrai obtenir la restitution de la chose même ; mais, pour le préjudice accessoire que j'ai souffert, tant à raison de la privation temporaire de la possession que de la nécessité d'agir en justice, tout ce qui peut m'être accordé, c'est de l'argent. Les ennuis que m'a créés le procès, les inquiétudes que j'ai éprouvées pendant tout le temps que mon bien était aux mains d'autrui sont chose irrémédiable. J'ai pu trouver dans ces soucis le germe d'une maladie : la loi, impuissante à me rendre la santé, me fait seulement obtenir de quoi payer le médecin.

Mon voisin a-t-il fait sur son fonds des travaux qui me nuisent et violent mon droit : sa résistance ne sera pas un obstacle au rétablissement de l'état antérieur de nos relations, et s'il ne veut l'opérer lui-même, les travaux pourront être effectués malgré lui, à ses frais.

Les quelques exemples que j'ai choisis montrent qu'il est des droits dont la loi ne peut garantir l'exécution, à cause de leur nature même, et qu'il en est d'autres, au contraire, dont elle peut procurer directement l'avantage.

§ 2. — Est-ce sur cette distinction rationnelle que les Romains ont fondé leur système de condamnation ? Ont-ils bien compris la différence existant entre les droits dont l'exécution est possible physiquement et moralement, d'une part, — et, d'autre part, les droits dont le législateur ne peut assurer la réalisation par la force ? A-t-on vu toujours figurer dans la loi des con-

ESSAI SUR LA NATURE

DES

CONDAMNATIONS CIVILES

PAR

ÉMILE MONTAGNON

Docteur en droit

LYON

IMPRIMERIE SCHNEIDER FRÈRES

12, QUAI DE L'HÔPITAL, 12

1883

ESSAI SUR LA NATURE

DES

CONDAMNATIONS CIVILES

PAR

ÉMILE MONTAGNON

Docteur en droit

LYON

IMPRIMERIE SCHNEIDER FRÈRES

12, QUAI DE L'HÔPITAL, 12

—

1883

damnations en nature correspondant au premier groupe, et des condamnations par équivalent correspondant au second ?

Telle est la question historique dont je me propose l'examen. Elle n'a pas été, que je sache, posée encore en ces termes, et les auteurs français ne paraissent pas même avoir vu la question. Ils admettent couramment que les trois phases de la procédure romaine ont vu se succéder trois systèmes de condamnations :

1° Tant que dure le système des actions de la loi, il y a des condamnations *in ipsam rem*, procurant la réalisation même du droit là où elle est possible ;

2° Depuis le système formulaire, les condamnations sont exclusivement pécuniaires, et n'assurent ainsi le plus souvent qu'une satisfaction indirecte;

3° Quand l'ancienne procédure extraordinaire devient la règle générale, les condamnations *in ipsam rem* reparaissent, et l'on revient ainsi au premier état de la législation.

Cette marche irrégulière ne soulève aucune objection dans leur esprit contre la solution qu'ils disent trouver dans l'unique texte du droit antérieur à Justinien dont on invoque l'autorité en cette matière, le § 48 du livre iv des *Commentaires* de Gaïus. Sur la foi de ce texte incorrect et flottant, ils affirment leur première solution, ne se souciant pas d'expliquer ce singulier retour en arrière qu'aurait fait le droit romain dans sa deuxième phase; ils ne sont pas choqués de voir ce droit abandonner la voie directe pour s'égarer dans un long détour, et ne rentrer dans le bon chemin qu'à l'époque de Dioclétien au plus tôt. Enfin, le passage brusque du système suivi à l'époque formulaire au système de la dernière période est à peine motivé.

La question que je me propose de traiter n'a pas du moins paru indifférente à plusieurs auteurs étrangers qui, récemment, ont écrit sur quelques points de mon sujet.

M. G. Brini a publié en 1878, dans l'*Archivio giuridico*, un remarquable article intitulé : *Della condanna nelle legis actiones*, qui soulève de sérieuses objections contre la thèse des condamnations *in ipsam rem* à l'époque des *legis actiones*.

M. Ihering, dans son beau livre inachevé sur l'*Esprit du droit romain*, ne pouvait manquer de jeter un jour nouveau sur cette matière. Son plus grand mérite est peut-être d'avoir renouvelé l'esprit des études de droit romain, en y introduisant la critique de cette législation. Nous essaierons de le suivre dans la voie qu'il a tracée. « L'éternel refrain est l'étude des sources, dit-il, et la pensée la plus hardie qu'on soit capable de concevoir est de ressusciter la pure théorie romaine. Si la chose était possible, elle ferait reculer notre éducation scientifique jusqu'à l'époque d'Ulpien et de Paul. Mais l'époque d'Ulpien et de Paul est passée pour toujours et tous les efforts du monde ne la ramèneront pas. » Il s'agit donc moins de rechercher ce qui fut que la raison d'être des institutions passées ; il s'agit moins de constater ou de découvrir une nouvelle application de quelque principe du droit romain que d'examiner la valeur du principe lui-même. C'est pour-suivre, à travers le droit romain, l'œuvre de Montesquieu. Si l'*Esprit des lois* formait vingt ou trente volumes, l'esprit du droit romain ne serait plus à découvrir : on l'y trouverait tout entier.

Portant cet esprit critique dans le sujet que j'ai choisi, et prenant toujours pour pierre de touche de la valeur d'un droit la possibilité qu'il a de se réaliser, M. Ihering a cherché à expliquer le caractère pécuniaire de toute condamnation à l'époque formulaire : nous apprécierons cette expli-cation. Il s'est demandé si dès l'origine il en était ainsi, et sur ce point il tombe d'accord avec la presque unanimité des auteurs et admet qu'il fut un temps où les condamnations portaient *in ipsam rem*. Cette solution contre-dit les quelques règles générales qu'il avait tout d'abord formulées, à savoir que les institutions les plus parfaites sont postérieures aux moins parfaites, que les moyens indirects précèdent les voies directes... Mais du moins il appuie sa solution sur des motifs que nous aurons à discuter.

On trouvera dans cette étude plus d'une idée empruntée à ces deux auteurs.

Son objet peut se résumer ainsi : est-il possible que sur un point aussi important que la nature des condamnations, le droit romain ait contrevenu à la loi de progrès dont ses institutions juridiques offrent l'éclatant témoi-gnage, au point d'abandonner pour plusieurs siècles un principe rationnel qu'il aurait d'abord consacré ? Ou bien, au contraire, sur ce point comme sur les autres, le droit romain s'est-il développé par une évolution lente et non interrompue, sans faire de saut, *non facit saltus*, sans laisser tomber aucune de ses anciennes institutions, mais en les améliorant, en les trans-formant, pour leur donner enfin cette haute valeur par laquelle elles se sont imposées à la civilisation moderne ?

PREMIÈRE PARTIE

SYSTÈME DES CONDAMNATIONS SOUS LE RÉGIME DES ACTIONS DE LA LOI

Sources : Gaïus, c. iv, § 48.

§ 3. — C'est une chose assez singulière que de voir l'oubli profond où était tombée, pour les Romains eux-mêmes, l'histoire de leurs institutions. Ils n'ont pas manqué d'écrivains pour raconter leur brillante fortune : mais tous, ils n'en ont envisagé que le côté violent et guerrier ; le développement pacifique de la République n'a pas frappé leur attention aussi vivement, c'est à peine s'ils en ont conservé les principaux traits.

L'esprit des Romains était anti-philosophique : disciples des Grecs, leurs rares philosophes ne sont pas originaux, et leur caractère pratique et ennemi des spéculations se révèle jusque dans les emprunts qu'ils font à ces maîtres : ils ne s'attachent qu'à la morale. Tout ce qui disparaissait de la réalité s'effaçait promptement de leur mémoire : personne, au siècle d'Auguste, ne comprenait plus les chants des Frères Arvales ou des Prêtres Saliens (1) ; on ne conservait, des premiers siècles de Rome, que quelques légendes aussi erronées que glorieuses (2) ; et les études entreprises sur les antiquités politiques par le grec Denys d'Halycarnasse ne trouvaient pas à s'appuyer sur des sources sérieuses et dignes de beaucoup de foi. Le droit plus que toute autre chose était considéré comme un organisme vivant, dont le mouvement était l'essence. Pour emprunter la comparaison de M. de Savigny, lorsqu'une branche de l'arbre du droit venait à se sécher, on la laissait tomber et se perdre, sans souci de la conserver comme point de comparaison, comme témoignage du progrès accompli. La critique du droit n'existait pas à Rome : conserver le souvenir des institutions disparues était dès lors une fatigante et stérile érudition. L'histoire du droit ne fut pas faite par les historiens, et les jurisconsultes eux-mêmes qui étaient cependant attentifs à ne pas laisser perdre le souvenir des hommes qui les avaient précédés, comme en témoigne le célèbre fragment de Pomponius au titre *De origine juris*, les jurisconsultes, dis-je, moins soucieux de conserver la mémoire des institutions, n'écrivirent peut-être jamais de livre dans le but de montrer l'évolution de l'esprit juridique et de ses manifestations (3).

---

(1) Horace, *Epit.* ii, 1, v. 86-87.
(2) T.-Live, *Præf.*, § 7.
(3) M. Ihering, *Esprit du Dr. romain.* Traduct. franç., IV, p. 306.

Sans doute, le souvenir n'en disparaissait pas complètement ; les ouvrages anciennement écrits restaient dans quelques bibliothèques, mais les jurisconsultes n'appliquaient leurs efforts qu'au droit vivant, ou, s'ils touchaient par hasard au passé, c'était par une rapide allusion à des faits qu'ils ne discutaient pas, et dont ils n'approfondissaient pas les causes. L'œuvre de Justinien, qui passe au crible les œuvres juridiques pour n'en conserver que ce qui était utile à la vie de son temps, ne devait pas retenir ces rares témoignages. Que reste-t-il donc pour reconstituer l'histoire des points de la législation dont il peut être intéressant de suivre le développement ? Quelques manuels écourtés et mutilés, œuvres didactiques de juristes de l'Empire, débris que les Barbares nous ont conservés en les faisant entrer dans leurs *Lois*. Mais un monument qui dépasse beaucoup tous les autres en importance est le livre des *Commentaires* de Gaïus, l'un des cinq jurisconsultes dont l'édit des citations consacrait l'autorité, livre que découvrit Niebuhr à Vérone en 1816, et dont on n'a pas cessé, depuis lors, de s'appliquer à restaurer le texte précieux (1).

§ 4. — C'est Gaïus qui nous fournit l'indication unique que nous ayons sur la nature des condamnations dans le système des actions de la loi. Dans ce texte qui forme le § 48 du Commentaire ɪᴠ, le jurisconsulte pose la règle du système formulaire, et rappelle à ce propos le principe ancien. Voici ce qu'on lit exactement dans la reproduction du palimpseste de Vérone :

> *Omnium at formularum q̄. condemna*
> *tionem habent ad pecuniariam æstimation. con*
> *demnation. concepta ē. itaq̄. etsi corpus aliq. petamu*
> *uu fundum hominem vestem argumentum ju*
> *dex n̄. ipsam rem condemnatum cum q̊ actum ē*
> *sicut olim fieri solebat æstimata re pec. neum*
> *cdemnat.*

Tous les éditeurs de Gaïus remplacent *argumentum* par *aurum argentum*. Le mot *argumentum*, en effet, n'a que deux significations : preuve, ou bien sujet d'une œuvre d'art ; il est clair que ni l'une ni l'autre acception ne cadrent avec le sens général du texte. Le copiste négligent a commis une de ces lourdes fautes si fréquentes dans le manuscrit de Gaïus ; il aura rencontré le mot *argentum*, et y aura intercalé la syllabe *um* : *arg* [*um*] *entum ;* il n'y a pas lieu, d'ailleurs, de suppléer *aurum*.

Là n'est pas la difficulté. Elle porte sur la fin du texte : *Judex non*

---

(1) Voir la liste des principales éditions dans le *Cours de Droit romain* de M Maynz, ɪ, p. 17, note 4 ; il faut y ajouter la savante édition de M. Dubois.

ipsam rem condemnat eum cum quo actum est sicut olim fieri solebat, æstimatâ re pecuniam eum condemnat. Cette phrase contient une antithèse dont les deux termes sont ceux-ci : 1° *Judex non ipsam rem condemnat eum cum quo actum est;* 2° *Pecuniam cum condemnat.* Mais le jurisconsulte a voulu établir une comparaison entre le droit ancien et le droit actuel, et il l'exprime dans ces termes : *Sicut olim fieri solebat.* La difficulté consiste à déterminer à laquelle des deux propositions on doit la rattacher. Est-ce à la première ? Il sera clairement établi qu'à l'origine le demandeur, dans une action en revendication, obtenait la chose par lui réclamée toutes les fois qu'on savait où la prendre ; et cette solution pourra raisonnablement être étendue par analogie à toutes actions dont l'objet est une prestation possible physiquement et moralement. Est-ce, au contraire, à la seconde ? Il en résulterait que de tout temps et dans tous les cas les condamnations ont été pécuniaires.

La difficulté serait levée si le texte était reconstitué intégralement, car il me paraît certain qu'il y manque quelque chose. Après la négation du premier membre de phrase, on s'attend à rencontrer un mot pour marquer l'antithèse qui est dans l'esprit du jurisconsulte, *enim, at, sed...* mais cette conjonction manque. La plupart des éditeurs l'ont restituée, mais ils ne s'y sont pas pris de la même manière, et il importe de se fixer sur la valeur de ces restaurations du texte. Quoiqu'une discussion sur un signe de ponctuation égaie une scène d'une de nos belles comédies, il m'est impossible de m'y dérober ici. Si petits, d'ailleurs, que soient les moyens, il ne faut pas perdre de vue qu'ils nous permettront peut-être d'arriver à la solution d'une importante question historique.

On peut répartir en trois groupes les versions différentes que l'on a données du texte de Gaïus. Dans le premier, on n'introduit aucun mot nouveau, on se contente de discuter sur la ponctuation à introduire dans la phrase qui en est naturellement dépourvue. Dans le second groupe, on s'efforce de lire et d'interpréter les sigles ou abréviations de manière à trancher la question. Enfin, les auteurs les plus nombreux ajoutent résolûment une conjonction là où elle leur paraît manquer.

Les auteurs qui se rattachent au premier groupe se demandent comment il faut ponctuer le § de Gaïus. Deux solutions sont présentées et servent de base aux interprétations diverses qu'il est possible de donner au texte :

1re MANIÈRE	2e MANIÈRE
Judex non ipsam rem condemnat eum cum quo actum est sicut olim fieri solebat ; [sed] æstimatâ re, pecuniam eum condemnat.	*Judex non ipsam rem condemnat eum cum quo actum est ; sicut olim fieri solebat, æstimatâ re, pecuniam eum condemnat.*

La première manière a pour elle bon nombre d'auteurs : on en peut voir la longue liste dans le savant article où M. Brini fait la critique du texte (1). Ces auteurs sentent d'ailleurs, en général, la nécessité de suppléer une conjonction, qui n'est pas aussi nécessaire à la seconde manière de lire le texte. Nous les retrouverons donc en parlant du troisième groupe qui introduit hardiment un mot dans le texte.

D'autres romanistes, formant un second groupe, interprètent les mots et les sigles de manière à arriver aussi à un double résultat; mais le premier système porte en lui la marque évidente de sa faiblesse, au seul point de vue de l'élégance grammaticale et de la plus élémentaire harmonie du langage dont les jurisconsultes classiques s'abstenaient soigneusement de violer les lois. S'emparant du mot *pec-neum* qu'on lit dans le manuscrit, ses défenseurs, s'il en a (car M. Brini semble ne rapporter cette explication que comme une explication possible), prétendent que le mot *pec* représente à lui seul *pecuniam*, que la lettre *n* qui précède *eum* est un sigle mis pour *enim, nobis*, et ils lisent le texte de la manière suivante, en regard de laquelle je place l'interprétation plus satisfaisante de M. Mayer, qui substitue *sed ut* à *sicut*, ce qui n'est pas trop téméraire, étant donné la ressemblance des lettres *ed* et *ic* dans les manuscrits :

Judex non ipsam rem condemnat eum cum quo actum est, sicut olim fieri solebat, æstimatâ re ; pecuniam enim eum condemnat.	*Judex non ipsam rem condemnat eum cum quo actum est; sed, ut olim fieri solebat, æstimatâ re, pecuniam eum condemnat.*

Enfin, d'autres auteurs formant un troisième groupe, acceptent franchement la nécessité d'une conjonction pour marquer l'opposition que veut établir Gaïus, et, avouant qu'elle ne se trouve pas dans le texte, l'intercalent de l'une des deux façons suivantes :

Judex non ipsam rem condemnat eum cum quo actum est, sicut olim fieri solebat ; sed, æstimatâ re, pecuniam eum condemnat.	*Judex non ipsam rem condemnat eum cum quo actum est; sed, sicut olim fieri solebat, æstimatâ re, pecuniâm cum condemnat.*

Il semble que ces deux versions ont exactement la même valeur, celle d'une pure hypothèse, et qu'il est impossible de se déterminer à un choix, en dehors de tout argument intrinsèque. Cependant, l'examen du fac-simile du manuscrit de Vérone autorise à suppléer, sans faire violence au texte, un mot avant *sicut olim*, tandis qu'il n'y a aucune place libre pour l'intercaler entre *solebat* et *æstimatâ*.

---

(1) *Archivio giuridico (1878). Della condanna nelle legis actiones.* Tome 21, pp. **232** et suivantes.

Ma conclusion, contraire à l'opinion générale, est donc celle-ci : des diverses corrections par lesquelles on s'efforce de compléter ou de redresser le texte vicieux du manuscrit, les seules vraisemblables et naturelles conduisent à rattacher les mots *sicut olim fieri solebat* à l'idée de condamnation pécuniaire.

Mais je crois pouvoir fortifier encore cette opinion par la considération suivante :

Les deux mots *æstimatâ re*, qui forment grammaticalement une proposition indépendante, peuvent, par le lien de la pensée, se reporter aussi bien au membre de phrase précédent qui rappelle le souvenir de la procédure antique, qu'au suivant qui nous apprend le caractère pécuniaire de toute condamnation sous le système formulaire. En effet, nous savons par Valérius Probus (1) qu'il y avait dans les actions de la loi un *arbitrium liti æstimandæ* applicable à la revendication introduite par *sacramentum* : nous aurons à revenir plus tard sur cet *arbitrium*. Les mots *lis* et *res* sont synonymes, et ce n'est pas la substitution d'un mot à l'autre qui empêchera que les expressions de Gaïus, *æstimatâ re*, puissent être rapportées à *sicut olim fieri solebat*, par allusion à l'*arbitrium liti* ou *rei æstimandæ*. Ces mots, d'autre part, peuvent se joindre également à la phrase suivante; ils perdent alors leur sens technique, mais ils n'en correspondent pas moins à une idée juste : le juge, saisi d'une question de propriété et obligé de prononcer une condamnation pécuniaire, doit faire une estimation de la chose revendiquée pour servir de base à la condamnation. Voilà donc un rapport certain entre la procédure du premier et du second système. Est-ce l'idée qui a précisément provoqué le rappel des actions de la loi à propos du système formulaire ? La construction de la phrase autorise à le penser, car les mots *æstimatâ re* sont placés comme un moyen terme entre *sicut olim* et *pecuniam eum condemnat*. En tous cas il est peu probable que Gaïus, s'il voulait établir une antithèse entre l'ancien droit et le droit de son époque, parlât d'une estimation qui éveille de suite l'idée d'un point de contact de ces deux droits. J'en conclus que *sicut olim fieri solebat* se rattache à *pecuniam eum condemnat* et que le lien est précisément *æstimatâ re*.

PREMIÈRE PROPOSITION : *Les condamnations prononcées sur l'action en revendication étaient pécuniaires dans le système des* legis actiones, *d'après le texte de Gaïus, ainsi reconstitué :*

---

(1) *De notis antiquis*, IV, 10.

Si corpus aliquod petamus, veluti fundum, hominem, vestem, argentum, judex non ipsam rem condemnat eum cum quo actum est; sed sicut olim fieri solebat, æstimatâ re, pecuniam eum condemnat.

Remarque. — M. Brini, se fondant sur le mot *solebat*, pense que la condamnation pécuniaire était anciennement la règle ordinaire, mais non point unique. Il traduit ainsi : de même qu'il arrivait autrefois dans les cas où l'on faisait une *æstimatio litis*, le juge aujourd'hui prononce une condamnation pécuniaire. Cette traduction me paraît grammaticalement inexacte ; mais j'en accepte l'idée et ne crois pas devoir pour cela restreindre les termes généraux de ma formule. Il se pouvait faire, selon moi, que la déclaration du droit de l'une des parties ne fût pas suivie d'une condamnation, qu'il y eût exécution volontaire dès que les parties étaient éclairées sur leurs droits. Mais toutes les fois qu'elle était nécessaire, ce qui était le cas habituel (*fieri solebat*) la condamnation était pécuniaire, et portait sur la valeur estimative de la chose, grâce à une procédure complémentaire (*æstimatâ re*).

Comme la revendication est de toutes les actions celle qui est le plus susceptible d'aboutir à une condamnation *in ipsam rem*, si la condamnation est pécuniaire sur cette action, elle devait l'être dans toutes les autres.

§ 5. — L'autorité de l'unique texte que l'on fasse intervenir dans la discussion donne une première base à la proposition précédente. Mais il n'est pas inutile de la soumettre à d'autres épreuves avant de l'admettre définitivement. Je me propose de rechercher : 1° si elle est en harmonie avec l'ensemble de la procédure des actions de la loi ; 2° si l'on peut la rapporter sans efforts à un élément de l'esprit du droit romain ; 3° enfin, si elle était, autant qu'il paraît au premier coup d'œil, en désaccord avec le côté pratique de la vie juridique.

On sait qu'il y avait cinq classes d'actions de la loi ; je ne dis pas cinq actions de la loi, car cela ne concorde ni avec le texte de Gaïus ni avec les appréciations que les auteurs nous fournissent sur ce système, ni avec le caractère des législations primitives.

Gaïus ne dit pas, en effet, au § 12 du c. IV qu'il y avait cinq actions de la loi, mais, ce qui est bien différent, cinq modes d'actions. Chaque mode renfermait plusieurs actions : je n'en veux pour preuve que la subdivision que ce jurisconsulte introduit aux §§ 21 et suiv. dans la procédure exécutoire de la *manus injectio* qui était tantôt *judicati*, tantôt *pro judicato*, tantôt *pura*. distinction nominale qui correspondait évidemment à des différences réelles.

On ne comprendrait pas qu'on eût critiqué la complication et la subtilité d'un système qui eût tenu dans cinq formules, dont trois relatives à la procédure à fin de condamnation, et deux à l'exécution des condamnations (1). On ne comprendrait pas davantage le service rendu par la publication du *jus Flavianum* à une époque où l'on usait depuis longtemps déjà du système des actions de la loi : si les ressorts avaient été si élémentaires, on eût appris à les connaître rien qu'à les voir fonctionner quelques mois. Enfin une pareille simplicité de formes ne se rencontre pas à l'origine d'une législation, incapable de faire une classification claire et simple des droits et de créer des moyens également simples pour les appliquer à tous les droits de même nature.

Ce ne sont donc pas les diverses actions de la loi que nous allons parcourir, mais seulement les classes d'actions, cherchant à découvrir s'il s'y trouve quelque indice contradictoire à cette proposition : que les condamnations sont dès l'origine pécuniaires.

Les cinq classes d'actions de la loi peuvent se répartir elles-même sous deux rubriques : procédure à fin de condamnation, procédure d'exécution.

PROCÉDURE A FIN DE CONDAMNATION.	I. *Act. per sacramentum* (la plus ancienne)	Personnelle. / Réelle.
	II. *Act. per judicis postulationem* (date postérieure incertaine).	
	III. *Act. per conditionem* (VIe S. de Rome)	De la loi *Silia : de certâ pecuniâ.* / De la loi *Calpurnia : de omni certâ re.*
PROCÉDURE D'EXÉCUTION.	I. *Manus injectio*	*judicati.* / *pro judicato.* / *pura.*
	II. *Pignoris capio :* dans des cas exceptionnels.	

Ces diverses procédures présentaient un double caractère. Elles portaient l'empreinte de la barbarie des temps primitifs, et en même temps on y sentait l'esprit sacerdotal. La lance, symbole de la propriété, le simulacre de lutte par lequel s'ouvrait la *L. A. per sacramentum*, la mainmise sur le plaideur condamné sont autant de témoignages de l'origine militaire et violente du droit, que l'influence sacerdotale a déjà pacifié à l'époque des XII Tables. « A peu près au même temps, dit Pomponius (2), naquirent les trois branches du droit que voici : les lois des XII Tables, le droit civil qui

---

(1) Gaïus, c. IV, § 30.
(2) Fr. 2, § 6, *in medio. D. de origine juris* (1-2.)

commença à découler de cette source, et les actions de la loi qui furent composées d'après ces mêmes lois. La connaissance de ces lois, leur interprétation et les actions étaient le privilège du collège des Pontifes : on fixait celui d'entre eux qui, chaque année, devait présider aux affaires privées ; et le peuple vécut sous ce régime pendant cent ans environ. »

Le droit romain fut donc de bonne heure enveloppé dans la sphère religieuse. On ne doutait pas de l'origine purement humaine des lois ; mais les dieux, dont la volonté se manifestait par les auspices, les agréaient ; leurs prêtres les conservaient et les appliquaient ; le rituel religieux était passé dans la vie juridique ; le droit, enfermé dans des formules immuables, reproductions grammaticales des lois, se manifestait par des actes extérieurs dont l'ensemble forme ce que M. Ihering appelle *la Plastique du Droit.*

« Tangibles, extérieures, visibles, sensibles, telles sont les notions du droit ancien ; partout la forme extérieure prédomine sur l'idée », dit cet auteur (1). Ce caractère primitif a longtemps persisté, et les Romains, pour exprimer qu'ils étaient titulaires d'un droit, disaient qu'ils avaient une action, substituant à l'idée abstraite la notion concrète qu'ils saisissaient mieux. Et le créateur de l'action ne s'attachait pas tant à assurer l'exécution des conséquences logiques du droit qu'à reproduire fidèlement la lettre de la loi. Car l'interprétation grammaticale a précédé l'interprétation logique (2).

§ 6. — Procédure à fin de condamnation.

Des trois actions de la loi dont se compose cette procédure, la plus ancienne est le *sacramentum.* Il suffit d'en considérer le symbolisme guerrier, le caractère religieux et pénal, la rigueur périlleuse, pour s'en convaincre.

Il fut un temps où la procédure *per s.* existait seule et suffisait aux besoins sociaux. Or, comme le droit de la propriété et le droit des obligations naissent simultanément, dès qu'une société est organisée, cette procédure, fondée sur un pari, devait s'appliquer à ces deux espèces de droits. Cette induction bien simple est formellement confirmée par Gaïus. Le § 16 du c. iv décrit, en effet, la procédure pour le cas où l'on intente l'action réelle : *si in rem agebatur ;* ces mots, mis en vedette, annoncent une opposition ; mais son second terme, qui devait commencer par les mots : *si in personam agebatur,* manque par suite d'une grosse lacune du manuscrit de Vérone.

---

(1) *Op. citato,* III, p. 109.
(2) V. M. Ihering, *op. cit.,* III, pp. 131 et s.

Quand d'autres procédures furent introduites dans le droit romain, l'*act. per s.* resta encore applicable de droit commun (1). Nouvelle preuve de son antiquité par rapport aux autres, qui s'introduisirent peu à peu comme dérogation.

L'élément primordial du *sacramentum* était un pari (2). Chacun des deux plaideurs pariait contre son adversaire qu'il avait pour lui le droit, et la fonction du juge était de déclarer *cujus justum, cujus injustum sacramentum esset*. La somme de la gageure était versée par chacun des parieurs entre les mains des pontifes qui rendaient son argent au gagnant, et retenaient celui du perdant pour subvenir aux services du culte, jusqu'à ce qu'une *lex Papiria* fît tomber ces profits dans l'*ærarium*, vers le milieu du Ve s., époque où la justice se sécularisait.

Ainsi, à côté de la réparation à fournir, quelle qu'elle fût, le perdant avait encore à supporter une amende, ce qui s'accorde bien avec une idée que nous aurons à développer plus loin : que toute violation de droit est d'abord conçue comme un délit. Je ne saurais admettre, en effet, avec M. Ihering, que le *sacramentum* fût regardé comme un dédommagement accordé aux dieux, privés quelque temps du service de leurs prêtres (3) : à cette idée bizarre je préfère substituer celle d'une réparation due à la divinité outragée par la lésion du droit que l'instance a dévoilée, et qui est un acte d'impiété.

Le *sacramentum* n'était pas arbitrairement fixé par les parties, mais la valeur du litige en déterminait le montant (4). Conséquence : le *sacramentum* étant la manière d'introduire l'instance, il fallait que la valeur du litige sur laquelle on le calculait fût préalablement déterminée. L'action était-elle réelle : la détermination de la valeur de l'objet apporté *in jure*, ou de l'immeuble sur lequel on se rendait, était facilement faite par le magistrat qui n'avait qu'à se demander : l'objet vaut-il plus ou moins de mille as ? Des témoins fournissaient au besoin ces renseignements. C'est ce qui eut lieu lorsque la chose cessa d'être apportée devant le magistrat (5).

S'agissait-il d'une obligation : il fallait que l'objet fût un *certum*, car s'il eût été indéterminé, comment fixer sa valeur avant le procès, comment engager le procès, par conséquent ? Mais on peut établir facilement, et nous aurons à le faire plus loin, que toutes obligations portaient primitivement sur un *certum*, et même sur une *certa pecunia*. Il me suffit pour le mo-

---

(1) Gaïus, IV, § 13, *init.*

(2) G., IV, § 16-17.

(3) V. *Esprit du Dr. R.*, T. I, titre I, *in f.*

(4) G., IV, § 14.

(5) G., IV, §17.

ment de tirer argument en ce sens du § 13 du c. iv de Gaïus. Il établit le parallèle entre l'action *per s. in personam* et une autre action. Le jurisconsulte prend pour exemple l'action *certæ creditæ pecuniæ*, où la *sponsio* et la *restipulatio* jouent le même rôle que le *sacramentum* dont elles sont la copie ; aux deux cas, on encourt les mêmes dangers, si l'on se trompe dans ses prétentions. Ne serait-ce pas l'action *per s. in personam*, légèrement modifiée que Gaïus retrouverait ainsi sous le nom d'action *certæ creditæ pecuniæ?* Tant de points de contact nous le font croire ; et nous concluons de là que l'objet des deux actions était le même, une *certa pecunia.*

Le pari est engagé devant le magistrat ; la question est ensuite soumise au juge. Quelle est sa fonction ? Cette question soulève les dissentiments les plus graves (1). Sans examiner en détail l'opinion de chaque auteur, je grouperai sous trois chefs les théories proposées.

I. — On peut prétendre que le juge prononçait sa sentence directement sur le fond même du droit. Mais une pareille thèse est insoutenable pour les motifs suivants :

1° Le § 95 de G., c. iv, se plaçant dans l'hypothèse d'une action engagée *per s.* devant les centumvirs, à une époque où l'on s'attend à trouver un progrès accompli par l'évolution du droit, affirme cependant qu'on n'engage pas le procès sur la question pincipale : *summam sponsionis petimus.*

2° Le § 93, s'occupant de la *sponsio,* moyen de procédure calqué sur le *sacramentum,* énonce en termes formels que l'*intentio* était dirigée sur la *summa sponsionis.* Or, le juge répondait à l'*intentio* évidemment.

II. — On peut aussi prétendre qu'après avoir tranché la question du pari, le juge, tirant la conséquence de cette décision, prononce une condamnation contre le plaideur qui a perdu sa gageure. Cette condamnation porterait sur la chose même, et il serait enjoint au condamné, pour le cas où il aurait obtenu la possession provisoire, de restituer. Cette opinion soulève une autre question : l'exécution pourra-t-elle être poursuivie *manu militari ?* Les uns pensent que, dans le cas d'inexécution, la condamnation deviendra pécuniaire, sur l'estimation qui sera faite dans l'*arbitrium liti æstimandæ,* dont parle Probus. D'autres, et notamment M. Bethmann Hollweg (2), affirment, au contraire, en invoquant le texte du dernier fragment des XII Tables (3), que l'on pouvait poursuivre l'exécution forcée.

Cette doctrine, dans la disposition principale qu'elle énonce, ne s'appuie

---

(1) V. dans l'art. de M. Brini le renvoi aux divers auteurs.
(2) *Civilprozess,* I, pp. 189-196.
(3) V. M. Pellat, *Manuale juris,* p. 722, Tab. XII, f. 2.

sur aucun texte. Quant à celui qu'on invoque pour établir l'existence de l'exécution forcée, il est composé de lambeaux dont le sens le plus clair est celui-ci : il y a lieu, dans l'act. *per s.* à la nomination de trois arbitres, dans une hypothèse qu'il est difficile de déterminer, et que le texte énonce ainsi : *si vindiciam falsam tulit.* Le même fragment nous apprend encore qu'il y a une condamnation pécuniaire, *damnum*, au double de la valeur des fruits dans le même cas.

Voici, d'ailleurs, le texte tel qu'il nous est parvenu par Aulu-Gelle (1) ; on l'a lu de trois manières différentes :

1re MANIÈRE (*Manuale*)	2e MANIÈRE (Cujas)	3e MANIÈRE (M. Müller)
Si vindiciam falsam tulit... si velit is... tor arbitros tris dato eorum arbitrio... fructus duplione damnum decidito.	*Si vindiciam falsam tulit sive litis... prætor arbitros tris dato eorum arbitrio fructus duplione damnum decidito.*	*Si vindiciam falsam tulit, stilitis et vindiciarum prætor arbitros tris dato ; eorum arbitrio [possessor] fructus duplione damnum decidito.*

Je ne vois pas qu'il y ait trace dans ce texte d'une contrainte à l'exécution réelle ; le nom d'*arbitres*, au contraire, éveille l'idée de l'*arbitrium liti æstimandæ*, et par suite, de condamnation pécuniaire à l'estimation de l'objet du litige. Si l'on accepte la dernière lecture, il est même évident que ce texte est celui qui organise l'*arbitrium* dont parle V. Probus.

III. — Essayons, en nous passant de texte, de trancher la question posée. Tout le monde s'accorde à reconnaître que le juge, à l'origine, était encore plus étroitement enchaîné par les mots qu'il ne le fut à l'époque formulaire ; et pourtant, la plupart des auteurs, en constatant qu'il est saisi d'une question de pari, lui attribuent le pouvoir de prononcer une condamnation. N'est-ce pas le faire sortir des limites de sa compétence ? Pour moi, je crois qu'après avoir prononcé que le *sacramentum* de tel des deux plaideurs est *justum*, ou que celui des deux plaideurs est également faux (car il n'y a pas de motif pour lui refuser cette faculté), il est dessaisi, sa mission est achevée.

Telle paraît être l'opinion de M. Keller ; c'est également celle de MM. Zimmern, Ortolan et Brini.

Le juge tranche donc uniquement la question du pari. On sait, par là même, laquelle des deux parties a un droit de propriété. Si le vainqueur a entre les mains la chose revendiquée, par le fait de l'adjudication des *vindiciæ*, la question est définitivement réglée, et il a pleine satisfaction de ce côté.

---

(1) A.-Gelle, 20, 10, 7.

Mais s'il n'a pas la possession, comment va-t-il poursuivre l'exécution de son droit ? Son adversaire, se soumettant à la décision qui le déclare mal fondé dans ses prétentions, lui rendra la chose qu'il détient, s'il est de bonne foi ; mais le plus souvent il s'y refusera ; comment triompher de cette résistance ? « Pour l'exécution, dit M. Ortolan (1), en cas de difficultés, il faut revenir au magistrat, puisque seul il a l'*imperium*. Cette exécution, en matière de droits réels, s'opère, au besoin, avec l'aide de la force publique *(manu militari)* et atteint directement l'objet même du droit. »

M. Ortolan donne ainsi une solution fort raisonnable à la difficulté que soulève la question d'exécution. Et je veux retenir ceci de ses conclusions : c'est que nul autre que le magistrat ne pourrait prescrire l'exécution *manu militari* parce que le magistrat seul a l'*imperium*, et que l'*imperium* attaché à sa personne ne peut se déléguer.

Reste à savoir si l'on retourne vers le magistrat pour obtenir l'assistance des licteurs ou autres agents de la force publique, et rentrer avec leur secours en possession de sa chose. Il y a contre cette thèse une grave objection : aucun texte ne l'appuie ; tout au contraire, nos sources nous révèlent l'existence d'un *arbitrium liti æstimandæ*, qui peut faire suite à la procédure *per sacramentum* et sur lequel il convient de nous arrêter quelque peu.

§ 7. — Valérius Probus mentionne quelque part (2) un *arbitrium liti æstimandæ* que l'on considère généralement comme destiné à régler certaines questions soulevées par la procédure du *sacramentum* (3). Son but ressort assez clairement de sa dénomination : il s'agit d'une évaluation, c'est-à-dire de la fixation d'une somme d'argent à payer.

Cette procédure accessoire ne saurait trouver place à la suite d'une *actio sacram. in personam*, dont l'objet exclusif était d'abord, ainsi que je l'ai indiqué, une *certa pecunia*, ce qui exclut l'idée d'estimation. L'action *sacram. in rem* seule y pouvait donner lieu. Essayons de déterminer dans quels cas.

I. — La majorité des auteurs admet que c'est au cas où il est devenu impossible d'exécuter en nature, qu'il y a lieu de déterminer la valeur estimative de l'objet pour dédommager le propriétaire (4).

Cette opinion repose sur la possibilité une fois admise de faire exécuter,

---

(1) *Explic. histor.*, II, § 1906 ; MM. Maynz, I, § 117, p. 769, 4ᵉ édit., et Accarias, II, nº 742, *in f.*, p. 837, 3ᵉ édit., se contentent de dire que la condamnation porte *in ipsam rem*.

(2) § 4. — *De notis antiquis.* V. aussi Plaute, *Rudens*, V, v. 13.

(3) M. Accarias, *C. de droit rom.*, II, § 742, p. 837 ; M. Maynz, I, § 117, note 15, p. 769 ; M. Ihering, *op. citat.*, IV, p. 188 ; M. Keller, *De la procéd. civile*... traduct. fr., § 16.

(4) V. MM. Accarias et Maynz, *loc. citat.* à la note précédente.

sous le régime des act. de la loi, la condamnation *in ipsam rem manu militari*. Cette première partie de mon étude étant tout entière consacrée à l'établissement de la proposition contraire, la réfutation du système que j'expose en devra ressortir.

II. — M. Ihering ne fait pas de cet *arbitrium* quelque chose d'anormal, comme les précédents auteurs ; il y voit, au contraire, un rouage nécessaire à toute action réelle, et il interprète sainement les mots *liti æstimandæ*, en reconnaissant qu'il s'agit par cet *arbitrium* d'arriver à une condamnation pécuniaire : ce que méconnaissent certains auteurs.

Mais il restreint singulièrement la fonction de cet *arbitrium*. L'idée dont il part est celle-ci : toute action réelle est mêlée plus ou moins d'éléments personnels, et le développement du droit donne une telle importance à la partie obligatoire qu'elle finit par l'emporter sur la partie réelle même ; mais le caractère éminent de l'ancienne procédure romaine est précisément d'analyser avec soin toute réclamation de nature complexe, et d'opérer le plus possible la séparation des éléments divers. Ce serait là l'explication de *l'arbitrium*.

Que trouvons-nous, en effet, dans une action en revendication si simple qu'on la suppose ? Dans son acception pure, la revendication « poursuit uniquement la chose..... La chose est responsable, la chose accomplit la prestation : la personne du défendeur n'a pas d'autre importance que de se trouver entre le demandeur et l'objet de la demande, et la procédure doit d'abord l'écarter. » (1) Mais ce n'est pas cette revendication pure de tout alliage que l'on rencontre en pratique ; elle se présente d'ordinaire avec un mélange d'éléments personnels, soit qu'il y ait eu un dol dommageable ou simplement un enrichissement indû du défendeur. Pouvait-on comprendre des demandes de cette espèce dans la revendication ? Il suffit de donner à la question une autre forme pour montrer que c'était impossible : on ne pouvait évidement se prétendre PROPRIÉTAIRE de la valeur estimative du dommage dolosif ou de l'enrichissement injuste. Il fallait recourir à quelque action pénale, telle que l'action *arborum furtim cæsarum*, par exemple. Si l'adjudicataire des *vindiciæ* avait récolté des fruits pendant l'instance, c'était un nouvel élément obligatoire, qui faisait l'objet d'une procédure spéciale : M. Ihering désigne la procédure nominativement ; c'était celle du *furtum non manifestum* ; cet auteur en trouve la preuve dans cette condamnation dont il est parlé dans le texte des XII Tables et qui a le même taux que la condamnation prononcée contre le voleur non manifeste : *duplione, in duplum*.

---

(1) V. M. Ihering, *Esprit du Droit romain*, IV, pp. 183 et suivantes.

Voici comment conclut le professeur allemand (1) : « La condamnation,
« dans les actions de la loi, frappait originairement sur la chose même et
« non sur de l'argent. L'*arbiter* évaluait, il ne condamnait pas ; il ne
« fondait point une obligation, il fixait seulement le montant d'une obligation
« existante. Or, le défendeur n'avait aucune obligation quant à l'objet
« même de la revendication. Une instance estimatoire de ce genre ne pou-
« vait donc se produire et avoir effet que quant aux obligations accessoires
« *dont nous avons parlé en dernier lieu, résultant du chef des fruits, et du*
« *chef de la destruction ou détérioration de la chose*, précisément parce
« que dans ces cas il ne s'agissait que d'une évaluation. »

III. — Je ne crois pas que cette doctrine interprète exactement l'*arbitrium
liti æstimandæ*. Les deux point fondamentaux de l'argumentation sont
ceux-ci : 1° le lien obligatoire est absent de la revendication pure ; 2° l'*arbitrium liti æstimandæ* ne fait pas naitre d'obligation, car l'arbitre n'a
pas pour mission de condamner, mais d'évaluer.

1° Et d'abord, la revendication, dégagée des questions accessoires,
exclut d'idée l'obligation. Il semble bien pourtant qu'il y ait au moins un
germe d'obligation pour celui qui obtient les *vindiciæ*, car on lui impose
la nécessité de fournir des cautions POUR LA CHOSE et les fruits, *prædes
litis et vindiciarum.* Et ce n'est certainement pas à propos d'une obligation
née dans le passé, d'un dommage dolosif ou d'un enrichissement injuste,
car alors le possesseur antérieur, qui seul pouvait s'obliger de la sorte,
pourrait seul être tenu de fournir caution, et cette prestation de cautions
ne serait nullement liée à l'adjudication des *vindiciæ*. Or, nous savons
que c'est à l'adjudicataire des *vindiciæ* qu'incombe la charge de fournir les
prædes (2) ; et M. Ihering lui-même démontre fort bien que le préteur
n'obéit dans ce règlement de la possession provisoire qu'à son sentiment
personnel, qu'il n'est pas tenu de la maintenir au possesseur actuel (3). On
a donc en vue une obligation à venir. Quel est son objet ? Gaïus répond à
cette question. Il établit au § 91 du c. IV un parallèle entre la *cautio
judicatum solvi* que fournit le possesseur-défendeur dans toute action réelle
pour garantir l'OBLIGATION de restituer la chose ou d'en payer la valeur
(§ 89) — et la *cautio pro præde litis et vindiciarum*, de la procédure *per
sponsionem*, qui a gardé les mêmes caractères et qui a le même objet que
les *prædes* de l'*actio sacramenti.* Il semble qu'on puisse dès lors rapprocher
la *cautio judicatum solvi* et les anciens *prædes*. Si, à une époque que les

----

(1) *Loc. citat.*, IV, 188-89.
(2) Gaïus, c. VI, § 16.
(3) *Esprit du Droit romain*, VI, pp. 100 et suivantes.

progrès du droit ont déja marquée de leur empreinte, on a conçu la RV.
comme sanction d'une obligation particulière ayant pour sujet passif tout
possesseur de la chose, est-il surprenant de trouver cettte conception,
d'ailleurs bien naturelle, à l'époque primitive ? On ne va pas, comme le
dit M. Ihering, chercher la chose en passant par-dessus la tête du détenteur ;
c'est ce possesseur que l'on prend à partie parce que la résistance éveille
l'esprit de vengeance du propriétaire dépouillé

2° Cet auteur ajoute : les arbitres devant lesquels on était renvoyé ne
pouvaient qu'évaluer et non pas condamner. Formulée en termes aussi
généraux, l'opinion de M. Ihering n'est pas à l'abri de la critique. Le texte
précité des XII Tables nous apprend que le possesseur doit payer le double
de la valeur des fruits sur la décision des arbitres. *Eorum arbitrio (possessor ?) fructus duplione damnum decidito.*

Les arbitres ont donc le pouvoir d'infliger un *damnum*, de *damnare*, ce
qui signifie proprement infliger une condamnation pécuniaire (1). Et il
fallait bien qu'ils l'eussent, car le *judex* n'avait pas, d'après son nom même,
mission de condamner ; il n'était institué que pour dire le droit (*jus*, et
la racine *dic*, qui donne δείκω, δείκνυμι ; *dico, cis*; *dico, as*... et qui a le
sens de montrer). Les arbitres, en condamnant, créaient des obligations ;
n'en créaient-ils pas relativement à l'objet revendiqué ? Le texte des
XII Tables est trop altéré pour permettre de l'affirmer positivement. Mais le
mot *litis* qui s'y rencontre donne à croire qu'ils s'occupaient, en effet, de
l'objet même du procès : j'écarte la lecture *si velitis*, absolument dépourvue
de sens. Quant aux mots *si vindiciam falsam tulit*, qui fixent l'hypothèse,
la traduction la plus satisfaisante, malgré la difficulté qu'on a voulu soulever
autour du mot *vindicia* au singulier, me paraît être celle-ci : si quelqu'un
a obtenu à tort la possession provisoire (ou : l'objet litigieux, si l'on admet avec
M. Brini la synonymie de *lis* et de *vindicia*, ce qui ne change pas le sens).

Voici comment j'entendrai le sens général, en faisant toutes les réserves
que la prudence commande sur un texte aussi flottant :

« Si quelqu'un a obtenu à tort la possession provisoire, le préteur devra
« nommer trois arbitres pour la chose et ses fruits... le possesseur devra,
« sur leur décision, payer le double des fruits. »

Ma conclusion générale est celle-ci : il y a une obligation, un rapport
personnel, d'après la conception primitive du droit, entre les parties dans
l'action en revendication. Des cautions en garantissent l'exécution. Son
objet, complexe (valeur de la chose, double de la valeur des fruits), est
déterminé par les arbitres nommés par le préteur.

---

(1) V. M. Brini, article cité au § intitulé *Judicare et damnare.*

Pour achever la démonstration de ma thèse, il me faut établir encore que l'obligation porte sur une somme d'argent, que la condamnation est pécuniaire.

A la rigueur, le nom d'*arbitri liti æstimandæ* suffirait à l'établir. Cependant, comme ce n'est pas dans le texte fondamental des XII Tables que se trouve cette dénomination, on pourrait soutenir qu'elle ne convient pas à tous les cas.

Il y a de bonnes raisons de croire que primitivement les obligations ont eu pour objet unique la dotion d'une somme d'argent déterminée. Je ne veux rappeler sur cette question incidente que les deux principaux arguments :

1° Les contrats de droit strict de la période classique sont bien évidemment ceux qui remontent à la plus haute antiquité et qui n'en ont pas pu dépouiller le caractère, tant il y était profondément gravé. Or, ils ont surtout pour objet des sommes d'argent, et c'était, sans doute, originairement leur unique objet. C'est la stipulation, dont le nom vient de *stips* (pièce de monnaie), selon Festus. Ce sont le contrat *litteris* et le *mutuum*, c'est-à-dire un prêt (d'argent, le plus souvent) fictif ou réel.

2° Le crédit n'existe pas à l'origine d'une société, mais l'exécution du contrat se confond avec le contrat lui-même : la mancipation, forme primitive de la vente, le montre bien. Le contrat de prêt est le seul qui oblige le prêteur à attendre la contre-prestation qu'il doit recevoir, et qui est la restitution d'une pareille valeur. Mais le prêt d'argent est d'abord la seule forme pratique. Encore retrouve-t-on ici l'aversion pour le crédit : elle se manifeste par les garanties terribles que s'assure le créancier contre son débiteur par le *nexum*. Le prêt d'argent est donc, en attendant la naissance des contrats qui porteront sur des services personnels, le seul vrai contrat, car la vente et l'échange primitifs consistent en une double translation de propriété, et les autres contrats, louage de choses, dépôt, commodat, sont postérieurs : les procédés anciens suffirent à les créer, mancipation et stipulation ou fiducie. Le prêt lui-même était consolidé par une stipulation, si bien qu'on peut, en dernière analyse, poser que la stipulation était le seul mode de s'obliger. Or, son étymologie, déjà rappelée, suffit à nous révéler ce qu'on y faisait entrer : *stipes*, de l'argent.

Je résume cette longue argumentation :

La conception primitive de la revendication a été de l'envisager comme le débat d'une question personnelle : ce point ressortira encore des considérations que j'aurai à développer plus loin. D'autre part, l'esprit romain n'a conçu d'abord qu'une forme d'obligation, ayant pour objet une somme d'argent déterminée, et l'a seule sanctionnée. D'où il suit que toute condamnation étant une obligation créée par un pouvoir judiciaire, devait être exprimée en argent, selon la règle générale.

DEUXIÈME PROPOSITION : *Quand le* sacramentum *était la seule forme de procédure, toute condamnation était pécuniaire. Plus tard, quand d'autres actions de la loi furent introduites, on réserva le* sacramentum *aux actions réelles, et par suite la condamnation, dans ces actions, resta pécuniaire.*

Examinons brièvement si quelque élément des autres procédures a dû changer la nature des condamnations dans leur sphère respective.

§ 8. — La *legis actio per judicis postulationem* nous est à peu près inconnue. Gaïus en fait mention (c. IV, § 12), mais la description qu'il en donnait est perdue pour nous.

Le § 20, toutefois, nous fournit une indication sur son objet. Les jurisconsultes romains ne s'expliquaient pas, paraît-il, l'introduction de la procédure *per condictionem* applicable aux obligations de transférer la propriété, parce qu'elle leur semblait faire double emploi avec le *sacramentum* et la *judicis postulatio* qui pouvaient avoir le même objet. Voilà un point qui nous est acquis : on poursuivait par la *judicis postulatio* des obligations de *dare*. Etait-ce le seul objet de cette procédure ? Il est peu vraisemblable que les actions réelles pussent être introduites de cette façon, car la procédure du *sacramentum* y suffisait. Les obligations de *dare* ne devaient pas toutes non plus être comprises dans la sphère de la *judicis postulatio*, pour le même motif : l'*actio sacram. in personam* eût été rendue inutile. La nécessité d'engager un pari déterminé dans ses termes permet de rattacher à cette dernière procédure les obligations de *dare* portant sur un *certum*, notamment sur une *certa pecunia*, et nous conduit à laisser en dehors toutes celles dont l'objet n'était pas rigoureusement déterminé. Nous en ferons l'objet de la *judicis postulatio*, en y joignant les obligations de *faire*. Les cas où nous savons d'une façon certaine qu'on appliquait cette procédure sont, en effet, des cas où il était impossible au demandeur de préciser sa prétention. Ce sont les trois actions en partage : *finium regundorum* (Cicér., *De Legib.*, I, 21, 55) ; *familiæ erciscundæ* (Id., *Famil. ercisc.*, x, 2) ; *communi dividundo*, qu'il n'y a pas de motif de séparer des autres ; c'est encore l'action *pluviæ arcendæ*, où il y a à évaluer un dommage à venir, estimation trop périlleuse pour qu'on la donne à faire au demandeur (Cic., *Top.*, 9, 39) ; ce sont les divers cas rapportés par M. Bruns *(Fontes)* dans les articles reconstitués des XII Tables *(Tab.* vi, 2, 7, 8 — vii, 8 — viii, 5, 6, 9, 10, 18).

Est-ce que, dans ces divers cas, on condamnait à la chose elle-même ? Valérius Probus (1) nous a conservé la formule correspondante à *l'actio per judicis postulationem,* et c'est tout ce que nous en savons. Elle est ainsi conçue : « *Te prætor judicem arbitrumve postulo uti des.* »

Mon dessein n'est pas d'examiner une à une les diverses interprétations qu'elle a reçues des commentateurs (2). Les uns prétendent qu'il y a une entière synonymie entre les deux mots *judex* et *arbiter,* comme s'il était facile d'admettre que les antiques formules fussent redondantes ! Les autres s'efforcent d'établir qu'il y a deux cas bien distincts réunis dans cette unique formule ; il faut, dans des cas que la fantaisie de chacun détermine, réclamer la nomination d'un juge, dans d'autres, celle d'un arbitre.

Je croirais volontiers, — c'est à peu près la conclusion de M. Brini, — que la nature même des choses exigeait qu'on donnât au juge chargé de l'examen du litige un pouvoir mixte, mais indivisible, qui le faisait participer à la fois aux fonctions du *judex* et à celles de *l'arbiter.* Il devait prononcer sur le droit de chacun *(jus dicere — judicare)* ; mais cela ne suffisait pas et il devait encore régler, entre les parties, la situation née du conflit des droits. Comme juge, il ne prononçait aucune condamnation ; comme arbitre, il appréciait la valeur du litige, ainsi que nous l'avons vu à propos du *sacramentum, litem æstimabat,* et la mettait à la charge de qui de droit. Il n'y a pas d'élément nouveau, mais réunion de deux pouvoirs sur une même tête. C'est l'explication la plus acceptable de la formule de Probus : « Préteur, je te demande de me donner un juge-arbitre. » Je traduis le mot *ve* par un trait d'union.

TROISIÈME PROPOSITION : *Le juge-arbitre n'a pas de qualité nouvelle, mais réunit en lui la double fonction du* judex *qui dit le droit et de l'arbiter* qui condamne. *Il suit de là que la condamnation qu'il peut prononcer n'a pas de caractère nouveau, et qu'elle est pécuniaire par conséquent.*

§ 9. — Seraient-ce les lois *Silia* et *Calpurnia,* créatrices de la *legis actio per condictionem,* qui auraient modifié la nature des condamnations ? La question ne peut pas se soulever à propos de la loi *Silia,* relative à l'obligation de *dare certam pecuniam.* Mais l'affirmative est inadmis-

---

(1) V. *Enchiridion* de M. Giraud, p. 575. (iv-8).
(2) V. M. Brini, dans son article au § *Judicis postulatio.*

sible pour la loi *Calpurnia*. On n'opérait par ces lois nouvelles que des simplifications dans la marche de la procédure *in jure*, sans toucher à la procédure *in judicio*, sans toucher surtout à la nature de la condamnation, ce qui eût dépassé singulièrement le but unique qu'on se proposait, à savoir de lever les obstacles de forme qui arrêtaient les plaideurs au début des procès.

Ce ne sont pas, d'ailleurs, les monuments législatifs de l'époque la plus récente qui doivent aller en s'écartant du système qui va suivre. Comme le dit très bien M. Brini, au § 5 de son étude, « on ne s'explique pas le motif « pour lequel, si l'on admettait ici une condamnation *in ipsam rem*, elle « n'aurait pas eu la force nécessaire pour élargir les règles de l'exécution ; « non plus que le motif pour lequel, à la fin du même siècle, on serait de « nouveau retourné au principe, devenu cette fois général, des condamna- « tions pécuniaires. »

Au lieu d'admettre ces soubresauts dans la législation, j'espère démontrer plus loin, en expliquant l'origine du système formulaire, que cette dernière procédure est sortie sans solution de continuité de l'évolution progressive du droit, qui avait passé déjà par trois étapes : procédure *per sacramentum*, — *per judicis postulationem* — *per condictionem*.

§ 10. — *Procédure d'exécution.*

Les deux dernières actions de la loi sont des voies d'exécution. Leur examen soulève peut-être la plus grave des objections qu'on adresse à la théorie généralement admise de l'exécution réelle des condamnations dans la première époque du droit romain : car tout répugne à cette idée.

Au premier abord, la *pignoris capio* pourrait donner à croire que les particuliers, à qui la loi permettait de prendre quelque objet dans le patrimoine d'autrui en garantie de leurs droits, pouvaient à plus forte raison se saisir, protégés par la loi, de leurs propres biens entre les mains d'un détenteur. Cette induction serait illégitime. La *pignoris capio* a une sphère étroite qui ne comprend que des cas exceptionnels, en dehors desquels se trouve l'exécution des jugements dont nous nous occupons ; mais je vais plus loin, et je prétends qu'en agissant par cette voie, on ne fait plus œuvre de justice, qu'on est en dehors des actions de la loi ; des jurisconsultes romains l'ont dit bien avant moi : *plerisque placebat hanc quoque actionem legis actionem esse; quibusdam autem non placebat* (1). Le magistrat n'intervient pas ; on n'exige pas que la contre-partie soit présente pour soutenir ses droits ; on ne se demande pas si les pontifes ont déclaré

______
(1) G., IV, § 29.

le jour néfaste, c'est-à-dire fermé aux affaires du forum. Et pourquoi cela? C'est qu'on est en face d'un homme qui a rompu le contrat social, et qui n'est plus couvert par la protection que donne la société à ses membres. Un lien étroit unit, en effet, les cas si dissemblables à première vue, où Gaïus nous apprend qu'on appliquait la *pignoris capio*. Toujours, il y a un préjudice causé à quelque intérêt public, militaire, financier ou religieux. Pour bénéficier des avantages de l'ordre social, de la justice rendue par les prêtres sous l'inspiration des dieux, il faut fournir les subsides avec lesquels on entretient les armées et ne pas manquer de respect envers les dieux protecteurs de la cité. Dès qu'on cesse de s'acquitter de ces devoirs, on doit être traité comme sont traités les ennemis, dont les biens sont des *res nullius*, à la discrétion du premier venu. Mais, dans les cas énumérés par Gaïus, la déchéance n'existe et n'a d'effet que dans la mesure du délit. La logique est sacrifiée à l'équité.

La seule voie d'exécution régulière à l'époque des actions de la loi est la *manus injectio*. La loi des XII Tables l'avait organisée pour les cas de jugement *(judicati)*, ou d'aveu d'une dette; plus tard, on étendit son application par voie de fiction : ce fut la *manus injectio pro judicato;* enfin, par une extension nouvelle, la *manus injectio* devient *pura ;* on se passa cette fois de fiction (1). Ainsi procède toujours le droit romain.

L'exécution personnelle, la main mise sur la personne, que l'on trouve à l'origine de toute législation, a donc existé seule pendant toute la période des actions de loi. Celui qui avait eu gain de cause appréhendait au corps son adversaire qui ne s'était pas exécuté, en prononçant une formule pour justifier cet acte de violence, et si le débiteur ne trouvait pas une caution qui prît fait et cause pour lui, il était incarcéré par son créancier : la loi réglait soigneusement le poids de ses chaînes et la ration de nourriture qu'il devait recevoir. En fin de compte, si, pendant un laps de temps déterminé, personne n'avait payé sa dette, le malheureux était vendu comme esclave et les créanciers se partageaient le prix de vente. Celui qui s'était lié par le *nexum* envers un prêteur, pour garantie de sa dette, était soumis aux mêmes procédés, indépendamment de toute condamnation.

Telle a été à Rome l'unique voie d'exécution des jugements pendant la première période du droit. Je demande si cela concorde bien avec l'hypothèse de condamnations portant *in ipsam rem* et d'exécution *manu militari ?* Les différents détails de cette mainmise ne peuvent se transporter à un acte d'une autre espèce, par exemple au fait de reprendre sa chose entre les mains du détenteur condamné sur une action en revendication.

---

1) G., c. IV, § 21 à 26.

D'autre part, on ne peut pas dire que pour cette hypothèse spéciale on modifiait les circonstances de cette action : car ces formalités constituaient l'essence de l'*actio per manus injectionem;* et les changer c'eût été introduire une nouvelle *legis actio* dont aucun texte ne fait mention. Enfin, la formule rapportée par Gaïus suppose une condamnation pécuniaire ; et cependant ce n'est pas un simple exemple emprunté à une espèce fictive qu'il a voulu donner, mais bien un type de formule applicable à tous les cas. Je n'en veux pour preuve que la distinction de deux hypothèses contenues dans cette formule : *Quod tu mihi judicatus sive damnatus es sestertium decem millia.*

Il n'est pas téméraire de croire que, si l'objet de la condamnation avait pu être autre chose que de l'argent, Gaïus eût rédigé sa formule de manière à ce qu'elle comprît aussi ce cas particulier. Mais, telle quelle, elle embrassait tous les cas.

Damnatus désigne le plaideur tenu d'une obligation pécuniaire à la suite d'une condamnation prononcée par l'*arbiter*, soit dans l'act. *sacram. in rem*, soit dans l'act. *per judicis postulationem*, ou encore *per condictionem ex lege Calpurniá*. Il était en même temps *judicatus*, ce qui lui rendait applicable la *manus injectio judicati;* mais, de plus, il était obligé par l'arbitre envers le vainqueur. Au contraire, dans l'*actio sacram. in personam*, celui qui succombait était uniquement *judicatus*, c'est-à-dire que la reconnaissance judiciaire du droit suffisait à créer un titre d'exécution, indépendamment de toute condamnation ; il en était de même dans la *condictio ex lege Siliá* : dans ces deux cas, en effet, l'exécution était possible sans transformation de l'objet du droit, car c'était naturellement une *certa pecunia*.

QUATRIÈME PROPOSITION : *L'existence d'une seule voie d'exécution des jugements, uniquement applicable à des sentences qui font naître ou constatent une dette d'argent, implique que toute condamnation était pécuniaire dans la première période.*

Sans cela, en effet, il faudrait introduire l'hypothèse d'un mode d'exécution dont les sources ne font pas mention ; ou bien il faudrait admettre l'impossible, à savoir que toute une catégorie de jugements fût exécutée en dehors de toute forme légale par la violence privée.

§ 11. — J'ai montré, en m'appuyant sur les textes et sur l'ensemble de la procédure que les condamnations étaient toutes pécuniaires à l'origine du droit romain.

Quelle singulière conception de la condamnation obligeait ainsi à transformer la nature du droit dès qu'il était déduit en justice? Pourquoi le Romain dépossédé de son fonds de terre obtenait-il un sac de sesterces au lieu de son champ, si son adversaire ne consentait pas à le lui restituer de bonne grâce? Telle est la question que nous avons à résoudre maintenant. Nous le ferons sans peine, grâce à l'exposition magistrale, fournie par M. Ihering, de la théorie qui fait de la vengeance privée la source originaire de la condamnation (1).

A une époque où l'homme n'était pas encore très éloigné de l'état de nature, la force était le fondement et la garantie de tout droit : la conquête est considérée au commencement de Rome comme cause de la propriété; le combat simulé des parties dans la procédure du *sacramentum* est un souvenir de ce qui était hier la réalité; le lésé exécute lui-même, violemment, la sentence rendue en sa faveur. Dans cet état, le sentiment auquel obéit célui qui fait œuvre de justice privée, est un pur sentiment de vengeance, rien n'est plus aisé à établir: il suffit de rappeler quelques institutions toutes pleines de cet esprit. Le caractère pénal que revêt à l'origine toute action, même dont le but est simplement de réparer un préjudice d'ordre civil, sans caractère délictueux, s'explique ainsi. L'obligation pour le possesseur même de bonne foi de rendre au double les fruits par lui perçus pendant la durée du procès; la perte du *sacramentum* et plus tard la *sponsio pœnalis;* les mauvais traitements autorisés contre les insolvables, tout cela sent l'esprit de vengeance qui n'est pas satisfait par une réparation simplement équivalente : toutes contestations, toutes violations de droit, intentionnelles ou non, sont des lésions personnelles; et la peine se mesure moins à l'importance du délit qu'au ressentiment qu'il fait naître. C'est là l'explication de la disproportion des châtiments qui frappent le voleur pris en flagrant délit et le voleur non manifeste.

Il est probable qu'à cette époque reculée où nous nous plaçons, plusieurs siècles avant les XII Tables, le spolié reprenait sa chose par la force des mains du détenteur, ou bien s'emparait en compensation de quelque objet de son patrimoine. Une société était impossible au milieu de ces violences et de ces brutales représailles; et cependant il fallut bien du temps pour qu'on arrivât à punir comme délinquant celui qui s'était fait justice à lui-même : les *leges Juliæ de vi privatâ et publicâ* tentent, pour la première fois, à la fin de la République, de réprimer ces voies de fait.

Le premier progrès, après l'introduction du talion qui mesurait la peine au mal causé, fut la substitution d'une indemnité pécuniaire aux mutilations

____

(1) V. *Esprit du Dr. R.*, I, pp. 110 et s.

ou aux violences. Les Romains, âpres au gain, avaient imaginé ces compositions avant que la loi les rendît obligatoires. La loi des XII Tables les suppose usitées déjà : *Si membrum rupit, ni cum eo pacit, talio esto* (1). Le talion finit par disparaître et un principe nouveau se trouve substitué à l'ancien : c'était le principe des indemnités pécuniaires.

Cinquième Proposition : *Toute lésion de droit est tenue pour délit, et tout délit donne lieu à une composition pécuniaire, qui est imposée par le juge, même contre le gré des parties.*

« C'est l'intérêt militaire qui enrichit l'état d'une idée jusque-là ignorée : celle de la suprématie et de la subordination (2). » Le consul, chef militaire, et plus tard le préteur, revêtu aussi de *l'imperium*, ordonnent aux parties de cesser la lutte qui aurait consacré le droit du plus fort pour recevoir un juge qui tranchera la question entamée par le pari. A partir de ce jour, le droit existe, car « le règne du droit est le triomphe sur la résistance que lui oppose l'injustice (3). » La reconnaissance d'une autorité pouvant contraindre les volontés particulières remplit cette condition.

§ 12. — En se plaçant, comme on doit le faire, à l'époque barbare où est né le principe des condamnations pécuniaires, pour apprécier sa valeur pratique, on constate, en suite de considérations économiques et juridiques, qu'il ne restait pas trop en deçà des légitimes prétentions de celui qui réclamait la réparation d'un dommage.

La valeur des objets matériels sur lesquels portaient les contestations se mesurait uniquement à leur utilité. Aucune valeur artistique ne s'y attachait, et il est vrai de dire de celle-ci qu'elle ne peut trouver d'équivalent exact. Avec des deniers on peut toujours obtenir un animal ou un ustensile rendant approximativement les mêmes services qu'un autre ; les objets dans le commerce pouvaient à bon droit être considérés comme choses *fongibles*, c'est-à-dire qu'aux yeux d'un possesseur quelconque ils pouvaient être remplacés l'un par l'autre ou par de l'argent dans son patrimoine, sans qu'il en ressentît aucun préjudice. Est-ce une valeur d'affection qui pouvait altérer l'égalité de l'échange ? Cette supposition attribuerait, je crois, aux Romains de cette époque, une délicatesse de sentiments qu'ils n'avaient pas. Nous voyons, en droit romain, que le règlement des dommages et intérêts, qui devait tendre autant que possible à la satisfaction pleine et entière des justes réclamations du demandeur, se faisait sur le pied de la valeur de

---

(1) *Tab.* VIII, art. I, *Manuale juris.*
(2) V. M. Ihering, I, p. 250.
(3) V. le même auteur, II, pp. 80 à 90.

l'objet au marché, en dehors de toute considération d'affection; je suis porté à en conclure que cette considération n'avait qu'une très petite importance. On doublait parfois, il est vrai, tout ou partie de l'estimation, sous l'empire de l'ancienne idée qui dans toute lésion de droit voyait un délit. On tarifait d'une manière uniforme la réparation à fournir : dans les actions réelles, au double de la valeur des fruits ; dans l'action donnée à raison d'une éviction, au double de la valeur de la chose, et ainsi de suite.

Je ne puis admettre, sur la portée de ce règlement des dommages et intérêts, les conclusions de M. Ihering : « Que cette satisfaction indirecte donnée à la prétention naturelle à l'*interesse* prouve que le droit ancien reconnaissait une pareille prétention comme fondée. La manière indirecte dont le droit ancien satisfaisait cette prétention prouve ensuite que la voie directe d'une liquidation de l'*interesse* lui répugnait ; cette répugnance est parfaitement d'accord avec tout l'esprit du droit ancien » (1). Je ne puis, dis-je, admettre ces conclusions, parce qu'il me semble qu'il n'y a aucun rapport entre le double de la valeur objective et l'*interesse*, ou estimation relative, qui « varie suivant les modalités du fait litigieux en tant qu'il a pour objet un patrimoine déterminé, et s'élève ou s'abaisse dans la mesure des conséquences de ce fait sur ce patrimoine. » Il me paraît, d'autre part, que cet esprit de vengeance dont M. Ihering signale le règne exclusif à l'origine, n'a pas pu disparaître tout d'un coup sans laisser de traces ; et le taux uniforme et élevé des condamnations dans les cas précités marque bien qu'il s'agit, en effet, d'une pénalité.

Quoi qu'il en soit de la question de savoir si l'idée des intérêts s'est de suite juxtaposée à celle du dommage objectivement apprécié, l'obtention d'une condamnation pécuniaire élevée dédommageait largement la partie qui ne recouvrait pas l'objet même de son droit.

Le plus souvent, d'ailleurs, le propriétaire recouvrait sa chose, sur l'action en revendication, par suite du règlement préalable de la possession intérimaire.

La question de savoir entre les mains de qui resterait l'objet litigieux, revient, en effet, à celle-ci : quelle est celle des deux parties que le préteur rendrait adjudicataire des *vindiciæ* ? Cette possession provisoire devenait effectivement définitive au gré du possesseur.

Or, il est clairement prouvé que l'adjudicataire des *vindiciæ* n'était pas forcément le possesseur actuel, mais que ce pouvait bien être celui qui réclamait contre cette possession (2).

---

(1) *Esprit du Dr. R.*, II, pp. 109 et suiv.

(2) V. M. Ihering, IV, p. 100 et s. ; M. Accarias, *Précis de Dr. R.*, p. 835. ; M. Zimmern, *Actions*, p. 109.

Il ne faut pas perdre de vue que dans la procédure du *sacramentum* les deux parties sont demanderesses, et ont à établir leurs prétentions : la possession ne confère pas d'avantage au point de vue de la preuve, et la dépossession ne fait pas une situation pire au dépossédé. Rien donc ne s'oppose à ce qu'on donne la chose à garder à celui dont les réclamations paraissent le mieux fondées d'après les explications fournies au préteur. Cela offre d'autant moins d'inconvénients que ses lourdes obligations éventuelles sont garanties par des cautions. Cette liberté pour le préteur de désigner l'adjudicataire des *vindiciæ* à son gré, est exprimée par Gaïus (1) : *Postea prætor secundum alterum eorum vindicias dicebat, id est interim aliquem possessorem constituebat, eumque jubebat prædes adversario dare litis et vindiciarum*, ce qui se traduit littéralement : « Ensuite le préteur tranchait la question des *vindiciæ* en faveur de l'une des parties, c'est-à-dire qu'il donnait la possession intérimaire à l'une d'elles en lui ordonnant de prester à son adversaire des garants de l'objet du litige et des fruits. » Le plus souvent, le vrai propriétaire trouvait le moyen d'établir assez clairement son droit *in jure* pour obtenir du préteur la possession, et alors, le procès gagné, il gardait définitivement la chose qui se trouvait entre ses mains.

SIXIÈME PROPOSITION : *Le système des condamnations pécu-niaires, grâce à leur taux élevé, à la fongibilité des choses en litige, et enfin au règlement préalable de la possession, correspondait suffisamment bien aux exigences de la pratique pour être applicable dans le premier, et pour passer même dans le second système de procédure.*

-----

(1) G., IV, § 16, *in medio*.

DEUXIÈME PARTIE

SYSTÈME DES CONDAMNATIONS A L'ÉPOQUE DE LA PROCÉDURE FORMULAIRE

Sources : Gaïus, c. **iv**, § 48. — Instit. § 31, *De action.*, **iv**, 6.

§ 13. — Sur la nature des condamnations civiles, pendant le système formulaire, aucun doute n'est possible en face du texte de Gaïus (1) : *Omnium autem formularum quæ condemnationem habent, ad pecuniariam æstimationem condemnatio concepta est.* Ainsi, « dans toutes formules contenant une condamnation, cette condamnation est exprimée en argent ». Nous trouvons dans Ulpien (2) la formule de l'édit qui posait le principe : *Ait prætor : condemnatus ut pecuniam solvat. E judicato ergo hoc exigitur ut pecuniam solvat.* Ainsi, toute condamnation est pécuniaire. Le seul texte qui pourrait permettre de soulever une objection contre cette proposition est la dernière phrase du Fr. 13, § 1, au D. *De re judicata*, ainsi conçue : *In pecuniam numeratam condemnatur, sicut evenit in omnibus* FACIENDI OBLIGATIONIBUS. On pourrait être tenté d'interpréter comme une restriction au caractère pécuniaire des condamnations les mots : *in omnibus faciendi obligationibus.* Mais Celse n'a pas voulu poser un principe général, et a employé une formule suffisante à l'espèce qu'il rapporte. Le texte de Gaïus ne peut souffrir une limitation, et il offre toutes les garanties de sincérité.

SEPTIÈME PROPOSITION : *On peut tenir pour certain que sous le système formulaire toutes les condamnations étaient pécuniaires.*

Expliquer le caractère pécuniaire des condamnations sous le système formulaire n'est pas chose facile pour les partisans de la thèse d'après laquelle les condamnations auraient porté originairement *in ipsam rem.*

Il faut qu'ils admettent, contre toutes les analogies du droit romain, que la *lex Æbutia*, introductrice de la procédure nouvelle, a opéré un bouleversement aussi brusque qu'important ; et, en second lieu, que ce changement, au lieu de réaliser un progrès, a été un retour en arrière, un écart nous éloignant du but naturel du droit. Ce sont des difficultés que bien des auteurs évitent en ne soulevant pas la question.

---

(1) G., **iv**, § 48.
(2) Fr. 4, § 3, D., *De re judic.* (**xlii**, 1).

De ceux qui l'abordent, les uns font dériver ce changement de l'influence du droit applicable aux pérégrins sur le droit applicable aux citoyens romains.

« A l'époque des *legis actiones*, dit M. Zimmern (1), les rapports de
« citoyens et pérégrins ne pouvaient être tranchés par ces modes tout
« romains. Il y avait, dans ce cas, des *judicia recuperatoria* au moyen
« de formules ; et ainsi le système formulaire existait déjà bien longtemps
« avant les lois *Æbutia* et *Juliæ*. Et il en était de même pour les actions
« non civiles, issues de l'autorité des magistrats, qui existaient en grand
« nombre à l'époque de Cicéron ; on se servait de formules à défaut de
« *legis actiones*. »

Telle est aussi la thèse de M. Ortolan (2). Dans les procès entre pérégrins
« il ne peut pas être question pour le juge de reconnaître ni d'attribuer
« aucune propriété *ex jure quiritium*, aucun de ses démembrements,
« aucun état ou droit réel, ni même de faire exécuter directement et
« en elle-même aucune obligation suivant les règles du droit civil. Tout
« se résout, dans tous les cas, en une somme pécuniaire à laquelle le préteur
« pérégrin, en vertu de sa puissance et de sa juridiction, autorise les récu-
« pérateurs à condamner le défendeur s'il succombe. Voilà, selon moi,
« l'origine de ce principe remarquable qui devient le caractère particulier
« du système formulaire, même après son extension aux citoyens, savoir
« que toute condamnation y est pécuniaire. » La liste des objections que
soulève cette thèse serait longue. Tout d'abord, il n'y a pas dans les textes
deux mots qui lui servent de base. On ne voit pas ensuite pourquoi la
considération des pérégrins eût fait abandonner le système de procédure
quiritaire pour en prendre un pire. On pourrait faire remarquer encore que
les premières formules étaient rédigées *ad legis actionis fictionem*, ce qui
ne concorde guère avec l'origine que l'on donne au système formulaire.

M. Accarias, qui rejette l'explication précédente, propose alors celle-ci (3) :
« Sous le règne des formules, la *litis contestatio* produit un effet
« autrefois inconnu ; elle substitue au droit déduit en justice un droit
« nouveau qui, à raison de sa nature contractuelle, consiste toujours en
« une créance. L'application de la procédure formulaire aux actions réelles
« eut donc pour conséquence de faire traiter le propriétaire comme un
« simple créancier. » Le savant auteur voit dans la différence des résultats
la raison du maintien de la procédure par *sacramentum* à côté de la
formula petitoria : l'une aurait abouti à la condamnation *in rem ipsam*,

---

(1) *Traité des actions*, p. 87.
(2) *Explic. histor. des Institutes*, T. II, p. 450.
(3) *Précis de Dr. Rom.*, II, n° 762, *in f.*, p. 874.

la seconde à une condamnation pécuniaire. Je crois que cette coexistence peut s'expliquer tout en admettant l'identité du principe des condamnations. Des avantages d'un autre ordre suffisent à motiver cette dualité de procédures. Le nombre des juges ; leur caractère religieux, qui ressort des questions à eux soumises, hérédités, questions d'état, de propriété consacrée par les opérations des *agrimensores*, toutes questions qui ne sont pas sans analogie avec celles qui ressortissaient, au Moyen-Age, aux officialités ; la pénalité accessoire qui frappait la partie succombante ; ces diverses circonstances pouvaient solliciter la confiance des uns, tandis que la rapidité de la procédure formulaire la faisait préférer des autres. Aucune loi ne supprima le *sacramentum* ; il tomba en désuétude. Mais une coutume contraire à un état antérieur consacré par un long usage, est lente à s'établir, et l'institution ancienne ne pouvait manquer de subsister encore assez longtemps à côté de celle qui, enfin, la détrôna complètement.

Quoi qu'il en soit de cette question, que nous retrouverons, l'explication fournie par M. Accarias de la prétendue transformation de la nature des condamnations ne me paraît guère plus satisfaisante que la première : je croirais, en effet, volontiers que ce n'est pas la *litis contestatio* qui a influé sur la nature des condamnations ; mais tout au contraire, que c'est le principe admis sur la nature des condamnations qui a donné naissance à la théorie de la *litis contestatio*.

Que l'on veuille bien faire les remarques que voici :

Pour que la *litis contestatio* fût la cause du prétendu changement opéré dans la nature des condamnations à l'époque des formules, il faudrait que cette *litis contestatio* fût une nouveauté introduite lors de la création du nouveau système ; ou tout au moins qu'elle eût subi, en passant dans les procédures nouvelles, une transformation complète.

Or, 1° la *litis contestatio* se retrouve dans les deux procédures. Le nom même de *litis contestatio* vient d'un usage ancien, contemporain des actions de la loi. Quand les parties avaient accompli devant les magistrats les divers actes constitutifs de l'action qu'elles intentaient, elles se tournaient vers les assistants et les prenaient à témoin de l'accomplissement de ces actes et des questions que le magistrat soumettait au juge : *testes estote* (1). La mission du magistrat était achevée ; celle du juge commençait.

Dans la procédure nouvelle, où la délivrance de la formule écrite dispensait d'invoquer des témoignages (point, d'ailleurs, incertain au moins pour l'origine) l'expression fut conservée pour désigner la même chose, à savoir que le *judicium* était organisé.

---

(1) V. Festus, v° *Contestari*.

2° Reste à savoir si la *litis contestatio* a pris un caractère entièrement nouveau dans le système des formules ; c'est précisément ce que prétend M. Accarias.

La *litis contestatio*, dit-il, a pris un caractère contractuel. S'il y a jamais eu un contrat formé en vue du procès, je crois qu'il serait plus aisé de le découvrir à l'époque où, négligeant le droit lui-même, on soumettait au juge une question de pari, qu'à l'époque postérieure. Mais le mot contractuel me paraît trop dire. Car, si l'essence du contrat est l'accord de deux volontés libres sur le même objet, il est difficile d'admettre que les éléments d'un contrat se retrouvent toujours dans la *litis contestatio*. Les deux parties ne sont pas aussi libres qu'il plaît à dire de comparaître devant le préteur et de faire l'abandon de leur droit ancien pour y substituer un droit nouveau. Je sais bien que quelques jurisconsultes romains appellent la *litis contestatio* une *novation* (1), la faisant rentrer ainsi dans une opération juridique de nature contractuelle ; mais ils n'ont garde de tirer les conséquences logiques d'un tel système, qui seraient désastreuses pour le titulaire du droit déduit en justice, car il perdrait notamment toutes les garanties qu'il s'est réservées pour consolider son droit. C'est qu'en effet celui qui agit est forcé d'agir, son droit étant méconnu ; et le défendeur est aussi obligé de comparaître en justice, des moyens de contrainte étant décernés au besoin contre lui. Et pourtant, s'il fallait à tout prix faire remonter la *litis contestatio* à quelque autre opération juridique pour en expliquer les effets, c'est bien la novation qui fournirait le meilleur terme de comparaison. La sagacité du prince des jurisconsultes romains, Papinien, ne s'y était pas trompée : ce qui est l'essence de la novation, c'est qu'une seule et même opération, *indivisible*, éteint un droit et en fait naître un nouveau pour le remplacer. C'est là aussi l'effet principal de la *litis contestatio* (2).

Mais ces explications des jurisconsultes romains sont trop imparfaites, elles font trop abstraction de la réalité des faits pour être autre chose que le fruit de recherches entamées après coup pour donner la raison d'un principe dont on ne se rendait pas bien compte. On a cherché de subtils motifs juridiques de la nature pécuniaire des condamnations, alors qu'il aurait fallu se reporter aux mœurs anciennes, aux primitives conceptions du droit. Quand on a organisé les condamnations pécuniaires, on n'a certainement pas vu dans le fait de s'adresser au magistrat pour faire respecter son droit, l'abandon de ce même droit ; pas plus que dans la lutte corps à corps des

---

(1) *Fr. Vatic.*, § 263. — V. aussi Fr. 3, § 11 D. *De peculio* (xv-1) : *nam sicut in stipulatione ita judicio contrahi.* — Les interprètes modernes, sentant le point faible, ajoutent au mot de *novation* l'épithète de *nécessaire*.

. (2) Gaïus, c. III, § 180 et 181.

deux parties, qui était encore mimée dans le *sacramentum*, on n'a vu un contrat, un accord. L'abandon du droit et le contrat n'existent pas plus dans la suite. Il aurait fallu se rappeler cet esprit de vengeance qui faisait un délit de toute violation de droit, et qui réclamait une indemnité pécuniaire pour tout délit : c'était la raison d'être de cette institution recueillie dans l'héritage des ancêtres, et qu'on respectait par la force de la tradition. Les jurisconsultes romains ne l'ont jamais trouvée.

§ 14. — Au lieu d'attribuer à la *lex Æbutia*, qui semble avoir passé sans faire trop de bruit, une réforme capitale dans le système de l'administration de la justice à Rome, je n'y vois pour ma part qu'un dernier pas accompli dans la voie des simplifications où l'on était entré depuis longtemps déjà, et que marquaient surtout les deux lois relatives à la procédure *per condictionem*. Je crois, avec MM. de Savigny, Keller, Brini, que « la *legis actio per condictionem* a été le modèle et l'origine du système formulaire. » Si bien que le système des condamnations usité dans la première a passé tout naturellement dans le second.

La démonstration de M. Brini ne peut laisser aucun doute sur ce point. On me permettra de la résumer.

Une preuve certaine de la persistance de la *condictio*, preuve qu'aucun auteur avant M. Brini n'a cependant relevée, se tire de Gaïus (1). Il fait deux catégories des *judicia : judicia quæ legitimo jure consistunt* et *judicia quæ imperio continentur*. Dans les premiers tout est romain ; il y a, au contraire, un élément pérégrin dans les autres ; les délais de péremption d'instance varient ; mais dans les uns et les autres, la consommation d'action, au lieu de s'opérer *ipso jure* comme dans les *legis actiones* (2), n'a d'effet que si l'on a soin d'opposer selon les cas l'exception *rei judicatæ* ou *rei in judicium deductæ*. A cette dernière règle il n'est fait qu'une dérogation assez singulière en apparence, qui assimile aux anciennes actions de la loi quant à la consommation d'action *ipso jure* les *judicia legitima in jus* (à l'exclusion des *judicia in factum*) et *in personam* (à l'exclusion des *judicia in rem*). Comment expliquer l'effet attaché à ce concours de circonstances ? La procédure n'a pourtant rien de particulier en ce cas ; on retrouve comme partout la délivrance d'une formule déterminant les pouvoirs du juge. Le rapport entre l'effet et les circonstances où il se produit échappe aux auteurs, et la plupart l'avouent de bonne foi (3). Ils n'aperçoivent que le rapport qui unit les *judicia*

---

(1) G., c. III, § 180, 181 ; c. IV, § 103 à 140.
(2) G., c. IV, § 108.
(3) V. les citations faites par M. Brini, *loco citato*.

legitima en général aux actions de la loi. Le caractère exclusivement quiritaire des *judicia legitima* et leur nom même qui les rattache à la *lex* par excellence, à la loi des XII Tables, indiquent l'étroite union de ces *judicia* et des anciennes *legis actiones*. Mais ce n'est pas dans les points communs aux actions de la loi d'une part, et d'autre part aux *judicia legitima in rem* ou bien *in personam* et *in factum* qu'il faut chercher la cause de la *consumptio ipso jure*; car, si les *judicia* que nous venons de spécifier contenaient la cause, l'effet se produirait; et il n'en est rien. Donc, ni la qualité des parties, ni celle du juge, ni le lieu du jugement, le tout quiritaire, ne suffisaient à entraîner la consommation directe du droit. Quel autre élément y avait-il donc dans les actions de la loi, auquel on pût rattacher cet effet? Il y avait les formes quiritaires de la procédure et le fondement quiritaire du procès. Voilà « ce qui doit être la condition toute « spéciale qui dans les *judicia legitima in personam cum formulâ in* « *jus*, produit l'effet indiqué; c'est-à-dire que ces *judicia* sont d'antiques « formes solennelles et vraiment légitimes, en d'autres termes, qu'ils « furent d'abord probablement une *actio legis*... Si l'on réfléchit que « cette classe de *legitima judicia* embrasse précisément les actions per- « sonnelles *de certâ pecuniâ et de certâ re*, c'est-à-dire les *condictiones* « du système formulaire, dans tous les cas où les mots quiritaires y figurent « *(formula in jus)*, et où elles n'ont pas été accommodées par le préteur à « de nouveaux cas en dehors du droit civil *(in factum)*; force sera bien « alors de conclure que ces *judicia* n'étaient autres que la *legis actio per* « *condictionem* elle-même, transportée tout entière dans le deuxième « système, ou plutôt que cette *legis actio* fut l'origine du système formu- « laire. » Le mot de *legitima judicia* ne devait logiquement s'appliquer qu'à ce cas là; mais quand les pérégrins obtinrent le bénéfice de la formule, le mot de *legitima* prit une signification très étendue, et embrassa toutes les instances dont les éléments étaient romains, pour les opposer à celles où figuraient des pérégrins.

« La formule introduite par la *lex Æbutia* qui, plus tard, acquit tant « d'importance, ne fut peut-être d'abord qu'un changement de formalités « plutôt que de substance; peut-être fut-elle composée, *concepta* des « paroles que dans les *legis actiones*, c'est-à-dire avant cette loi, les « parties devaient prononcer elles-mêmes et sur lesquelles le juge devait « juger; ces *conceptiones* furent fixées et rendues publiques pour le plus « grand profit des parties, et furent très efficaces pour supprimer les « antiques rites et symboles et donner une règle de conduite au *judex*, ce « qui est le caractère particulier de la nouvelle procédure. »

Une seconde preuve également forte en faveur de la même opinion se tire d'un autre passage de Gaïus que je traduis (1). Ce texte et les débris du précédent supposent l'existence de formules construites à la ressemblance des anciennes actions de la loi, dont elles simulent les détails, à peu près de la même manière que les architectes font parfois sur les murailles de fausses fenêtres après avoir bouché des ouvertures anciennes. « Il n'y a, dit Gaïus, « aucune formule contenant la fiction de la *condictio* ; quand nous nous « prévalons d'une dette d'argent ou de quelque corps certain, nous for- « mulons la prétention qu'on doit nous en transférer la propriété, et nous « n'y joignons aucune fiction de la *condictio*. Cela nous montre que ces « formules par lesquelles nous réclamons le paiement d'une dette d'argent « ou de quelque corps certain ont en elles-mêmes toute leur force et « valeur. » Si ces formules pouvaient seules se passer de fictions, c'est sans doute qu'elle dérivaient directement, à l'inverse des autres, du *jus legitimum*. Cela est d'autant plus vraisemblable que la simplicité de la procédure *per condictionem* la rapprochait du système formulaire bien plus que toutes les autres. Enfin, ce qui achève la démonstration, la *lex Æbutia* n'a pas été une mesure générale éliminant tout un système pour y en substituer un autre : le *sacramentum* subsiste ; il a fallu diverses fictions pour ménager la transition de cette procédure au système nouveau ; c'est très vraisemblablement parce que les autres procédures, et notamment la *condictio* étaient beaucoup plus rapprochées du système formulaire qu'elles s'y sont incorporées tout d'abord.

Nous pouvons donner maintenant l'explication de la nature des condamnations dans la procédure formulaire.

Huitième Proposition : *Le système des formules n'est autre chose que l'ancienne* actio legis per condictionem *généralisée et simplifiée dans la forme, sans modification de fond. La nature des condamnations devait donc être la même dans les deux procédures.*

§ 15. — Comment les actions réelles se sont-elles adaptées à une procédure qui n'était pas faite pour elles ?

Gaïus nous apprend que de son temps, c'est-à-dire d'après l'opinion commune, après l'an 167 de notre ère il y avait trois procédures différentes applicables aux actions réelles (2) : le *sacramentum* qui tombait déjà en désuétude ; puis deux autres voies, *actio duplex*, qui sont la *formula petitoria* et la *sponsio*.

---

(1) V. G., c. iv, § 33.
(2) G., c. iv, § 91 à 96.

L'ordre chronologique des trois procédures est celui-ci : 1° le *sacramentum*, avec ses rites antiques ; 2° la *sponsio* qui est pour ainsi dire l'image inanimée du *sacramentum* (1) ; 3° enfin, la *formula petitoria* qui va droit au but, sans fictions d'aucune sorte (2).

Ainsi donc il a fallu des siècles pour faire disparaître la vieille action *sacramenti in rem*. C'est que le but poursuivi était assez étránge : on voulait, en somme, l'amener à se confondre avec l'ancienne *condictio* devenue par une légère modification le système formulaire. Faire entrer dans un même moule les droits réels et les droits personnels, àntithèse juridique, eût-on pu y songer, y eût-on réussi, si les deux droits n'avaient pas été de tout temps réduits par le fait du jugement à une seule et même qualité, à une valeur pécuniaire ?

En vain dit-on (3) que le *sacramentum* se maintint à côté de la *sponsio* et de la *formula petitoria* à raison précisément de la différence de résultats de ces procédures, dont la première aurait abouti à une condamnation *in rem*, et les deux autres à une condamnation pécuniaire. Assez d'autres raisons expliquent la persistance du *sacramentum*. J'en ai signalé plus haut quelques avantages. J'ajoute qu'il était difficile de persuader aux Romains, sans offenser leur sens juridique, d'user de la procédure *per condictionem* transvasée dans la formule, quand ils se prétendaient titulaires d'un droit réel. Un bénéfice tel que l'obtention de l'objet même du droit au lieu de sa valeur eût été assez vivement senti à une époque de pleine civilisation pour qu'on ne l'abandonnât pas légèrement : il aurait au besoin forcé le principe des condamnations du système formulaire. Enfin, la transformation de la condamnation se fût opérée, s'il avait dû y en avoir une, quand on passa du *sacramentum* à la *sponsio*, car la *sponsio* participe déjà de la formule. On l'admet, en effet (4). Mais conçoit-on que le préteur se crût tenu d'imiter le pari dans la *sponsio*, véritable puérilité, car cette *sponsio* n'était qu'un prétexte, et l'on n'en payait pas le montant ; qu'il imitât les *prædes litis et vindiciarum* dans la stipulation *pro præde litis et vindiciarum; —* et que, d'autre part, il substituât ouvertement, effrontément, la condamnation pécuniaire à la condamnation *in ipsam rem ?*

Toutes ces remarques, en expliquant la transition d'un système de procédure à l'autre, confirment, chemin faisant, la conclusion de notre première partie, la plus importante de cette étude, à savoir que toutes les condamnations étaient originairement pécuniaires.

---

(1) V. M. Zimmern, *Actions*, p. 188.
(2) V. M. Keller, *Procéd.*, p. 104.
(3) V. M. Accarias, *Précis de d. rom.*, II, p. 874.
(4) *Sic* M. Accarias, *op. cit.*, II, p. 908.

Je ne puis passer sous silence l'explication qui semble être au fond de la pensée de M. Ihering sur la prétendue transformation des condamnations réelles en condamnations pécuniaires dans l'action en revendication (1). On se rappelle qu'à propos de l'*arbitrium liti æstimandæ* cet auteur prétendait qu'il n'avait d'autre objet que le côté personnel de la revendication. Le caractère obligatoire gagne de plus en plus de terrain dans cette action, si bien « que la nature de la revendication moderne est presque plus obliga- « toire que réelle. Et ce caractère est encore plus tranché dans la pétition « d'hérédité. » M. Ihering renvoie à plus tard la démonstration de cette proposition, qui servirait sans doute à expliquer le nouveau principe en matière de condamnation : l'élément réel disparaîtrait absorbé dans l'élé- ment personnel, *accessorium sequitur principale*. Mais dans l'absence de la démonstration qui n'a pas, que je sache, été fournie encore, il me semble que l'élément réel dans la revendication ou la pétition d'hérédité l'emporte, en thèse générale, sur l'élément obligatoire, et qu'il s'affirme assez nettement dans la formule *si paret fundum Cornelianum Auli Agerii esse*, pour qu'on ne puisse le méconnaître, et fondre toutes les récla- mations en une seule et même obligation ayant pour objet une somme d'argent que le juge déterminera.

§ 16. — Il vint un moment où la procédure du *sacramentum* disparut ; ses complications la firent délaisser. Des lois faites en vue de ramener l'administration de la justice à la simplicité restreignirent la compétence des centumvirs qui, depuis l'Empire, ne s'occupèrent guère plus que des *quæstiones hereditariæ*, ainsi qu'il ressort des exemples qu'on rencontre dans les textes. On oubliait peu à peu ce qu'il y avait d'illogique à intro- duire une action réelle *per formulam petitoriam*, en oubliant l'origine même du système formulaire.

Quant à la procédure *per sponsionem*, amalgame bizarre des deux systèmes dont elle devait être le trait d'union, elle disparut promptement.

Le système formulaire régnait donc seul et sans partage. La *formula petitoria* servait à introduire les actions réelles civiles, revendication, péti- tion d'hérédité, action confessoire et négatoire et les actions réelles préto- riennes. Le préteur seul, d'ailleurs, tourna sa réforme en un progrès véritable, qu'il réalisa au moyen de la *formula arbitraria*. Dans la procédure formulaire appliquée aux actions réelles, nous retrouvons, à l'époque classique, la distinction ancienne du *judicare* et du *damnare*. Mais les deux choses se sont soudées ensemble, et, en vertu d'une seule

____

(1) *Esprit du d. r.*, IV, pp. 180 et s.

formule, devant le même juge cumulant les fonctions du *judex* et des trois arbitres du temps des actions de la loi, on obtient : 1° le prononcé d'une sentence, et 2° une condamnation, si elle est nécessaire (1).

Mais on est allé plus loin que le droit ancien. Le juge, quand il a prononcé en faveur de qui est le droit *(pronuntiatio)*, détermine lui-même les diverses satisfactions que le perdant doit au gagnant, et il enjoint à celui-là de les fournir *(arbitrium)*. Il n'a pas, d'ailleurs, le pouvoir de lui forcer la main, et ainsi le progrès accompli sur le système des actions de la loi ne nous conduit pas d'emblée au but poursuivi. Ce progrès semble se résumer en ce que le juge tire désormais les conséquences renfermées dans sa sentence. L'ordre donné au plaideur contre qui est prononcé le jugement est tout platonique ; sa résistance ne peut être brisée, et, s'il veut, il en sera quitte pour une condamnation pécuniaire.

Ce n'est cependant pas en vain que les actions réelles et certaines actions personnelles étaient arbitraires. Des moyens indirects de contrainte pesaient sur celui qui aurait été tenté de résister, et ainsi l'on arrivait, par le chemin le plus long, il est vrai, à une solution qui annonçait et promettait pour l'avenir l'exécution réelle. Cette réforme a dû correspondre à de nouveaux besoins créés par une civilisation plus avancée. En effet « l'argent est la mesure économique de la valeur et de l'intérêt. L'argent est la forme dans laquelle se résolvent tous les objets de valeur. Mais il est tels objets acquis pour de l'argent dont nous ne nous dessaisirions à aucun prix. Ce n'est plus la valeur pécuniaire, mais l'objet même avec les souvenirs qui s'y rattachent que nous voyons. De là les actions arbitraires dans le but d'obtenir une chose ou la prestation d'un fait déterminé au lieu de sa valeur en argent (2). »

L'introduction des actions arbitraires est donc un fait capital dans l'histoire des condamnations. C'est le premier progrès accompli, et il contient en germe le second qui nous conduira au but. Il convient donc d'étudier ces actions avec quelques détails.

§ 17. — Deux questions se présentent à ce propos. La première est celle-ci : quelles sont les actions qui ont revêtu le caractère arbitraire à l'époque des formules ? et la seconde : quel est le moyen de contrainte qui tendait à assurer au demandeur une satisfaction correspondant à ses réclamations ?

Nous avons un texte qui semble résoudre directement le premier de de ces deux problèmes. Mais son interprétation n'est pas sans difficultés.

---

(1) V. M. Keller, *Procéd.*, p. 306.
(2) M. Ihering, *Esprit du d. r.*, IV, pp. 329 et s.

C'est un texte des Institutes (1).

Prætereà quasdam actiones arbitarias, id est ex arbitrio judicis pendentes, appellamus in quibus nisi arbitrio judicis is cum quo agitur actori satifaciat — veluti rem restituat, vel exhibeat, vel solvat, vel ex noxali causá servum dedat, — condemnari debeat. Sed istæ actiones tam in rem quam in personam inveniuntur : in rem, veluti Publiciana, Serviana de rebus coloni, quasi Serviana quæ etiam hypothecaria vocatur ; in personam, veluti quibus de eo agitur quod aut metûs causá aut dolo malo factum est, item cum id quod certo loco promissum est, petitur ; ad exhibendum quoque actio ex arbitrio judicis pendet. In his enim actionibus et ceteris similibus permittitur judici, ex æquo et bono, secundum cujusque rei de quá actum est naturam, æstimare quemadmodum actori sastifieri oporteat.

Certes la lumière ne jaillit pas de ce texte. Nous y trouvons une description imparfaite au lieu d'une définition, des exemples au lieu d'une énumération, en fin de compte des idées vagues et indéterminées.

Que dit, en substance, ce texte? Qu'on appelle *actions arbitraires* celles où le juge prononce une condamnation quand le défendeur perdant le procès se refuse à fournir au demandeur la satisfaction arbitrée par le même juge. A la question qui se présente la première à l'esprit : quelles sont ces actions ? le texte répond par des exemples. La satisfaction demandée peut être une restitution, une exhibition, un paiement, un abandon noxal. La qualité d'arbitraires s'attache à des actions réelles, telles que l'action publicienne, l'action servienne, l'action hypothécaire; ou bien à des actions personnelles, comme les actions *quod metûs causá, de dolo, de eo quod certo loco, ad exhibendum*, et autres semblables.

Il est une remarque que suggère immédiatement le choix des exemples qu'on trouve dans ce texte. Toutes les actions citées sont d'origine prétorienne. Et ce ne peut être une circonstance due au hasard. Des actions telles que la *rei vindicatio* ou l'*hereditatis petitio*, les plus connues, les plus anciennes, ne pouvaient manquer de se présenter les premières à l'esprit du rédacteur; il les aurait citées de préférence s'il avait dû les citer. Je ferai observer encore que si le texte du § 31 avait été emprunté à un jurisconsulte de l'époque classique, il serait tout à fait vicieux, car les actions réelles étant alors toutes arbitraires, comme nous le prouvent les textes (2), à la seule exception de la *querela inofficiosi testamenti* forcément portée devant les centumvirs (3), il eût été ridicule d'en donner l'énumération incomplète

---

(1) § 31, *De actionibus* (iv-6).

(2) Fr. 68. *De R. Vind.* (vi-1) ; 57, *De hered petit.* (v-3) ; 7, *Si servitus* (viii-3).

(3) V. Pline le J., *Epist.*, v, 1.

au lieu de les envelopper toutes d'un seul mot dans la formule, en faisant au besoin la restriction commandée par la *querela*. Le texte doit remonter à une époque voisine de la création de la formule arbitraire; et il paraît en ressortir que le préteur, agent de progrès, en fit l'application première dans la sphère de son droit à lui, sauf à l'étendre ensuite, si l'opinion publique l'y autorisait, aux différents droits civils qui pourraient s'en accommoder, — ce qui est pleinement d'accord avec la marche ordinaire des réformes prétoriennes.

Cicéron nous fournirait en ce sens un autre argument (1) : *Perinde ac si in hanc formulam omnia judicia legitima, omnia arbitria honoraria, omnia officia domestica conclusa et comprehensa sint, perinde dicemus...* Toutes les juridictions d'ordre privé sont comprises dans cette énumération, et leur source s'y trouve nettement indiquée. Les *judicia* dérivent de la *lex* ou loi civile; les *officia*, ce sont les pouvoirs que le *paterfamilias* tire de sa puissance domestique; les *arbitria* sont une création des magistrats pour leur droit propre, le *jus honorarium*.

C'est à propos des *interdits possessoires*, institution prétorienne, que Gaïus nous parle, non pas d'actions spéciales arbitraires, mais d'une formule arbitraire, espèce de moule où l'on peut couler des droits d'espèces différentes (2).

Les observations qui précèdent me conduisent à faire une conjecture. Le préteur crée, d'après moi, non pas une série d'actions arbitraires, mais une formule. Cette formule, facultative dans certains cas, comme Gaïus en témoigne, fut imposée d'abord à ceux qui se prévalaient d'un droit d'origine prétorienne.

D'ailleurs, à l'époque de Gaïus, la formule arbitraire ne jouait pas encore un grand rôle dans la procédure : sans cela, le jurisconsulte n'eût pas manqué de faire avec quelque développement la théorie des actions arbitraires, ailleurs que dans la matière des interdits, où n'apparaissait qu'exceptionnellement cette formule, de son propre aveu. Et il n'est pas à croire que cette théorie ait été faite par lui, mais qu'elle soit perdue pour nous. Où l'aurait-il placée, le plus vraisemblablement ? Il aurait pu faire cette exposition à propos de l'étude des diverses parties de la formule, spécialement sur la *condemnatio*, qui est modifiée dans les actions arbitraires (3) ; ou bien encore à propos de la nature des condamnations (4) ; ou sur l'explication de la maxime *omnia judicia esse absolutoria*, applicable

---

(1) *Pro Roscio Comœdo*, ch. 5.
(2) G., c. IV, § 163, 164.
(3) G., IV, § 43.
(4) G., IV, § 48.

à l'exécution volontaire de l'obligation avant le jugement (1). Il n'en reste nulle trace. Les lacunes mêmes des deux derniers textes ne font pas naître de doutes sur le silence de Gaïus, car, en arrivant aux interdits, et rencontrant alors le nom de l'action arbitraire, il la définit et l'explique comme un terme qui se présente pour la première fois.

Je sais bien que l'on peut soulever une petite difficulté, tirée du § 47, où certains auteurs lisent, dans la formule de l'*actio depositi in jus concepta*, le fameux *nisi restituat*, qui est le critérium des actions arbitraires. Mais le manuscrit de Vérone n'en dit pas aussi long. On y lit les lettres *nr*, sans aucun signe d'abréviation, sans même le trait horizontal qui marque les mots écourtés ; or, ce n'est pas un terme usuel dans les commentaires de Gaïus, et le copiste l'aurait sans doute écrit tout au long ; enfin, les mêmes lettres ne figurent certainement pas dans la formule écrite après de l'*actio depositi in factum concepta*, et il n'y avait absolument aucun motif de consacrer une aussi grande différence de fond entre ces actions : car il n'y a aucune incompatibilité entre les qualités d'action *in factum* et d'action *arbitraire*. Je ne crois pas devoir donner aux deux lettres égarées dans le manuscrit une telle portée : et je ne fais que suivre en cela l'opinion du plus illustre des critiques du texte de Gaïus, M. Studemund (2).

Mais cette formule arbitraire, qui avait fait, au temps de Gaïus, si peu de chemin encore, se développa peu après très rapidement, si bien que toutes les actions réelles et bon nombre d'actions personnelles finirent par y rentrer.

La théorie que je viens d'esquisser ne concorde guère avec l'exposé de doctrine de M. de Savigny sur les actions arbitraires (3).

Selon le savant romaniste, « cette forme spéciale de procédure s'applique « à toutes les actions libres (par opposition aux actions rigoureuses, qui « sont les *condictiones* et les actions pénales civiles) ayant pour objet la « restitution ou l'exhibition d'une chose ; elle n'est point applicable hors de « ces deux cas. »

Donc, au lieu de cette latitude que, selon moi, le préteur se serait réservée, et qui laisse la porte ouverte au progrès, nous trouvons ici un principe rigide, dont il n'y a qu'à tirer la série limitée des conséquences. Cette thèse a sur la nôtre l'avantage de la précision. On sait où l'on va, on connaît la pensée inspiratrice de l'institution.

M. de Savigny se fonde sur plusieurs textes qui semblent faire des mots

---

(1) G., IV, § 114.
(2) V. dans les *Institutes* de Gaïus, édit. de M. Dubois, p. 434, note 208, l'opinon des auteurs.
(3) *Traité de Dr. Rom.*, traduct. de M. Guenoux, V, § 221 et s.

restituere et *exhibere* une formule consacrée, s'adaptant exactement aux actions arbitraires (1).

« Le cas de l'exhibition est le plus facile, le plus rare, et le moins important. C'est la simple représentation ou production d'une chose déterminée, dont la partie adverse ne doit pas être mise en possession » (2). Mais le sens du mot *restituere*, tel que l'établit M. de Savigny d'après les textes (3), est si peu précis qu'on est loin de tirer de sa formule les connaissances nettes qu'elle paraît fournir. Même en lui donnant le sens très large de : rétablir l'état antérieur du patrimoine, on ne peut en contrôler l'exactitude par la comparaison de tous les cas d'actions arbitraires mentionnés par les textes, et en dehors d'un *exhibere*. Les actions réelles, d'abord, ne renferment pas toute l'idée de restitution : la *pétition d'hérédité*, la revendication qui s'appuie sur un legs *per vindicationem*, ne sont vraiment pas des actions en restitution, car l'objet réclamé n'a jamais figuré dans le patrimoine du demandeur et n'en est jamais sorti. Je dirai de même de l'action *servienne* et de l'action *quasi-servienne*. Parmi les actions personnelles, l'action *de eo quod certo loco* tendant à obtenir une promesse garantie par des cautions de payer en un lieu différent de celui où devait s'accomplir la prestation, aux termes du contrat, s'écarte encore plus de l'idée d'un *restituere*. Pourquoi donc M. de Savigny, en rappelant ces divers cas à notre mémoire, persiste-il dans sa théorie qu'ils contredisent?

D'un autre côté il se heurte encore aux objections les plus graves. Dans le texte fondamental de notre sujet, le § 31 des Institutes, il est deux mots qui semblent devoir l'arrêter : *Arbitrio judicis is cum quo agitur actori satisfaciat, veluti restituat, vel exhibeat*, VEL SOLVAT, VEL EX NOXALI CAUSA SERVUM DEDAT. Voilà des idées nouvelles à côté de l'*exhibere* et du *restituere*; le paiement, l'abandon noxal, et le texte n'est pas limitatif. Pour conserver sa théorie, M. de Savigny, suivant en cela les anciens auteurs, construit à propos de ce *solvere* et de ce *noxali causá servum dedere* des hypothèses telles que le paiement ou l'abandon noxal ne sont plus que des cas de restitution ; autrement dit, il suppose que le rédacteur du texte, après avoir donné en deux mots la formule qui contient tous les cas d'actions arbitraires, songe à des applications toutes particulières de ces actions, et les indique d'un mot, sans marquer d'aucune façon qu'il passe du général au particulier. *Solvat*, c'est par exemple un paiement fait pour remplacer la restitution d'un dépôt devenue impossible, ou bien c'est

---

(1) G., c. IV, § 163. Fr. 2, § 1, *De in litem jurando* (XII-2), etc.

(2) Fr. 2, *Ad exhib.* (X-4).

(3) Fr. 22, *De verbor. signif.* (L-16) : *pleraque prætereá restitutionis verbo continentur.*

le paiement de la dette garantie hypothécairement au créancier qui poursuivait le délaissement du bien par l'action quasi-servienne (1). *Ex noxali causá servum dedat*, cela se réfère à une action de dol ou *quod metûs causá* dont le maître est tenu du chef de son esclave; il doit une restitution, et il l'effectue selou son droit par l'abandon de l'esclave instrument du quasi-délit (2).

Si ingénieuses que soient ces hypothèses, elles me semblent trop éloignées d'une saine interprétation du § 31 pour que je les admette. Ce texte, je le répète, est un cadre aussi large que possible, et la théorie de M. de Savigny n'en remplit pas la moitié. Je dirai donc :

Neuvième Proposition : *La formule arbitraire est une création du préteur qui, n'en ayant pas limité par un principe posé à priori les cas d'application, a pu les augmenter successivement suivant les besoins nouveaux.*

Le progrès réalisé par cette formule était d'assurer autant que possible la prestation de l'objet même du droit poursuivi en justice, dans la mesure où cela se conciliait avec le principe des condamnations pécuniaires toujours maintenu.

§ 18. — Quel était donc le moyen de vaincre les résistances opiniâtres de celui qui se refusait à tenir compte du *jussus* qui clôturait la première partie de l'instance *in judicio?* La résistance du défendeur pouvait-elle être brisée par la force, de telle sorte que la condamnation s'exécutât *in ipsam rem*, malgré lui, toutes les fois que cela était possible? C'est là un point vivement débattu, et sur lequel trois opinions principales ont été émises, à notre connaissance.

La première affirme la possibilité d'une contrainte en vue de l'exécution. C'est la thèse de M. Zimmern (3) : c'est la doctrine magistralement développée par M. Pellat, dans ses *Principes sur la Propriélé* (4). — M. de Savigny, dans son *Traité de Droit Romain* (5), et M. Demangeat, dans son *Traité du Fonds dotal* (6), prétendent, au contraire, que l'exécution forcée n'a été admise à aucun moment du système formulaire. — Plusieurs auteurs enfin,

---

(1) Fr. 16, § 3, *De pign.* (xx-1).

(2) V. *sic* M. Zimmern, *Actions*, p. 200, note 3, *in f.* Voyez la critique de MM. Ducaurroy, *Explic. des Instit.*, n° 1291; et Accarias, *Précis*, II, p. 1200, note 1.

(3) *Traité des actions*, traduct de M. Etienne, p. 192.

(4) Pp. 368 et s.

(5) T. V, § 221, p. 126, note.

(6) Pp. 121 et s.

MM. Keller (1), Ortolan (2), Accarias (3), estiment qu'à l'origine le système des condamnations pécuniaires dut être rigoureusement observé, mais qu'au temps d'Ulpien, c'est-à-dire au IIIe s. de notre ère, on s'en était singulièrement relâché pour se rapprocher du système de l'exécution, forcée qui finit par obtenir un triomphe complet dans la dernière période de la procédure.

Avant d'entrer dans l'examen des systèmes, nous devons citer le texte sur lequel la discussion se concentre presque uniquement. C'est un fragment du jurisconsulte Ulpien (4) :

Qui restituere jussus judici non paret, contendens non posse restituere, si quidem habeat rem, manu militari officio judicis, ab eo possessio transfertur : et fructuum duntaxat, omnisque causæ nomine condemnatio fit. Si vero non potest restituere, siquidem dolo fecit quominus possit, is quantum adversarius in litem sine ullá taxatione in infinitum juraverit, damnandus est. Si vero nec potest restituere, nec dolo fecit quominus possit, non pluris quam quanti res est, id est quanti adversarii interfuit, condemnandus est.

Hæc sententia generalis est, et ad omnia sive interdicta, sive actiones in rem, sive in personam sunt, ex quibus arbitratu judicis quid restituitur, locum habet.

« Celui qui, ayant reçu l'ordre de restituer, n'obéit point au juge en
« prétendant qu'il ne peut pas restituer, s'il a la chose entre les mains, est
« dépouillé par la force armée en vertu de l'office du juge, de sa possession,
« et il n'y a de condamnation qu'à raison des fruits et de tous accessoires.
« S'il ne peut restituer, et qu'il se soit mis par dol dans cette impossibilité,
« le serment de son adversaire sur la valeur du litige, sans aucune taxation
« qui le limite, déterminera sa condamnation. Si maintenant il ne peut
« restituer, et que l'impossibilité ne vienne pas de son dol, il ne devra pas
« être condamné à une indemnité supérieure à la valeur du litige, c'est-à-
« dire à l'intérêt de son adversaire.

« Cette décision a une portée générale, et s'applique à tous interdits,
« actions réelles ou personnelles, en vertu desquelles le juge fixe une
« restitution à faire. »

Voilà donc un texte qui semble poser nettement le principe de l'exécution forcée du *jussus*. On a prétendu y découvrir une interpolation.

M. de Savigny, notamment, soutient (5) que les mots *manu militari*

---

(1) *Procéd.*, p. 382.
(2) *Explic. histor.*, II, n° 1994.
(3) *Précis de d. rom.*, II, p. 1141.
(4) Fr. 68, *De rei Vindic.*, (VI-1).
(5) *Traité de d. rom.*, V, § 221, note *d.*

ont été introduits dans le fragment d'Ulpien par les rédacteurs du Digeste, et voici ses arguments :

1° Plusieurs textes impliquent l'impossibilité d'une contrainte directe (1);

2° Dans l'hypothèse d'une exécution réelle, on ne conçoit pas qu'il y ait jamais eu lieu au serment *ob contumaciam*.

La fixation de la condamnation sur le serment *in litem* du demandeur est le moyen de punir le défendeur récalcitrant. Or, s'il est vrai que le fr. 68 d'Ulpien n'en fasse mention qu'à propos d'un dol qui met le plaideur vaincu dans l'impossibilité d'exécuter, d'autres textes nous apprennent que ce serment avait lieu encore au cas de *contumacia*, qui est la désobéissance volontaire à l'ordre d'exécution (2). Mais si l'exécution réelle avait pu être poursuivie, il n'y aurait jamais eu à recourir au serment *ob contumaciam* : on aurait brisé directement la résistance. Cela est si vrai que le fr. 68 qui suppose l'exécution réelle ne contient plus la mention du serment *ob contumaciam*, mais seulement *ob dolum* pour le cas des destructions de la chose.

Ainsi, il y a désaccord entre le fr. 68, qui donne une solution isolée, et tous les autres textes; cette solution particulière est un démenti au principe du système formulaire que toutes condamnations sont pécuniaires. Ces simples observations suffisent à révéler l'interpolation des mots *manu militari*.

On peut cependant fournir d'assez bonnes raisons pour écarter le reproche de corruption du texte adressé aux compilateurs du Digeste.

1° Si les rédacteurs avaient voulu mettre d'accord les textes anciens avec l'état nouveau de la législation sur les condamnations, il serait étonnant qu'ils en eussent laissé passer le plus grand nombre sans y toucher pour en rectifier un seul.

2° D'autres textes que le fr. 68, également empruntés à des jurisconsultes classiques, parlent de *manus militaris* sans que personne songe à les tenir pour suspects. Tel est le fr. 3 pr. *Ne vis fiat ei...*

3° Mais il faut aller plus loin, et dire que les mots *manus militaris* eux-mêmes protestent contre l'interpolation. Ils ne cadreraient pas avec l'état du droit sous Justinien. En effet, on lit dans une constitution de Théodose, datée de 393 : *Nunquam omnino in negotiis privatorum vel tuitio militaris vel executio tribuatur.* « Que jamais, dans les affaires des « particuliers on n'emploie la troupe à l'effet d'assurer une protection ou « une exécution. » Ce sont des *apparitores* qui font exécuter.

---

(1) V. fragm. 4, § 3, *Finium regund.* (x-1); 73, *De Fidejuss.* (XLVI-1); § 31, *Inst. de Action* (IV-6).

(2) Fr. 18, pr., *De dolo malo* (IV-3); 1, 2, § 1, *De in lit. jur.* (XIII-3).

4° Sur un autre point encore le fr. 68 est en désaccord avec le droit en vigueur sous Justinien, ce qui écarte la présomption d'interpolation. L'*arbitratus judicis* et la condamnation ne font plus qu'une même chose, au commencement du VIe s. : car la condamnation peut porter directement sur l'objet réclamé, comme autrefois l'*arbitratus*. Si donc les compilateurs avaient altéré le fr. d'Ulpien, la première chose à faire était d'effacer la distinction que fait si nettement Ulpien des deux sentences successives.

Les remarques de M. Pellat me paraissent décisives pour écarter toute idée d'interpolation des mots *manu militari*.

§ 19. — Reste à concilier ce texte avec les autres, et c'est ici que les opinions se partagent.

M. Zimmern (1) s'exprime ainsi : « En ce qui concerne les actions réelles « et tous les cas tendant à une restitution, le demandeur peut, lorsque la « restitution est possible, l'exiger, et alors elle se fait *manu militari*. « Quant à l'*arbitrium de exhibendo*, rien ne prouve que l'exécution en « ait été forcée ; cela n'était pas nécessaire. En effet, l'exhibition par elle- « même ne produisait aucun résultat immédiat ; il suffisait donc que le « défendeur fût condamné aux dommages-intérêts résultant de la non exhibi- « tion. Il n'était pas non plus indispensable que le *jussus* fût exécuté « lorsqu'il n'avait pour but d'obtenir qu'une satisfaction indéterminée, « comme dans l'action *de eo quod certo loco*, car on ne pouvait réclamer « la chose promise dans le lieu déterminé que par la *condictio certi*, et « quand il devenait nécessaire de faire valoir cette réclamation dans un « autre lieu, il fallait recourir à une autre action arbitraire, avec *inten-* « *tio certa*, mais dans la *condemnatio* de laquelle le juge prenait en « considération la différence des lieux ; avant de condamner, un *jussus* « prescrivait certaines satisfactions, et, si elles étaient accordées, il y avait « absolution. »

C'est là une théorie « probabiliste » dont on ne voit guère le fondement juridique.

La thèse de M. Pellat est mieux défendue.

Ce romaniste prétend, à la suite des plus anciens auteurs (2), qu'un droit d'option appartient au demandeur qui triomphe. Cette option, d'ailleurs, ne s'applique qu'au cas où il s'agit de lever un obstacle de fait ; le *jusjurandum in litem* est exclusivement applicable quand on rencontre un obstacle de droit. Des exemples feront mieux saisir la pensée de l'auteur. Il y a un pur

---

(1) *Traité de la Procéd. et des Act.*, pp. 192 et 202.

(2) V. Cujas, Comment. sur le fr. 68, *De rei vindic.* ; et Faber, Institut. sur le § 31, *De actionib.*

obstacle de fait, dans le cas où la revendication est dirigée contre un possesseur qui n'a pas usucapé *inter moras litis :* on pourra déplacer la possession *manu militari.* Mais si l'usucapion s'est accomplie *inter moras litis*, il faut un transfert de propriété, acte de droit que la force armée ne saurait accomplir.

Quels sont les arguments de cette doctrine?

1° Un texte de Cicéron prouverait que l'exécution forcée était déjà pratiquée de son temps. *Non necesse est L. Octavio judici* COGERE *P. Servium Q. Catulo fundum* RESTITUERE, AUT CONDEMNARE *eum quem non oporteat*, dit-il dans les Verrines (1). Les mots *cogere fundum restituere* expriment bien l'idée de contrainte à l'exécution d'un ordre donné.

2° Des textes du Digeste sont conçus dans le même sens ; le fr. 58, *De rei vindic.* (VI-1) de Paul : *non oportere judicem cogere ut eum (servum petitori) traderet ;* et le fr. 9, *eod.* d'Ulpien : *necesse habebit possessor restituere.*

3° Si, au cas de *dolus* et de *contumacia* du défendeur, le demandeur n'avait d'autre ressource que le serment *in litem*, la propriété resterait sur sa tête, et pareillement les actions dont bénéficie le propriétaire, car, n'ayant pas donné son consentement à une transmission de propriété, il n'aurait pas perdu son droit. Cela se vérifie au cas de *dolus*, c'est-à-dire quand la chose a été frauduleusement détruite par le défendeur (2) : il n'y a pas d'option possible. La condamnation étant fixée sur le *juramentum in litem*, les accessoires de l'objet, à défaut de l'objet lui-même, n'en demeurent pas moins la propriété du revendiquant, qui notamment, d'après le témoignage de Paul, n'a pas à céder à son adversaire les actions nées du chef de l'objet détruit (3).

Mais il en est autrement au cas de *contumacia*, et voici la décision du même jurisconsulte : « Quand une chose, dans une action réelle, a été « estimée par le demandeur prestant le serment sur la valeur du litige, la « propriété en passe immédiatement au possesseur : c'est comme si moi, « défendeur, j'avais transigé avec lui au prix qu'il a fixé lui-même. » M. Pellat en tire cet argument que le demandeur aurait pu, s'il eût voulu, poursuivre l'exécution réelle, et que c'est sa renonciation volontaire qui fait considérer l'opération comme transaction. En un mot, il y avait pour le gagnant un droit d'option.

---

(1) Cicéron, *In Verrem*, II, 12.
(2) Fr. 69, *De rei vind.* (VI-1).
(3) Fr. 46, *De rei vindic* (VI-1).

§ 20. — Ces arguments ne laissent pas de donner prise à de graves objections (1).

L'option dont parle M. Pellat n'est mentionnée nulle part, et si l'on trouve des textes pour donner les deux solutions, chacun de ces textes n'en donne jamais qu'une à la fois sans même laisser la liberté de sous-entendre l'autre. De sorte qu'on pourrait croire à une controverse entre les jurisconsultes romains, ou à un changement de doctrine réalisé à une certaine époque; — mais en tous cas il est difficile d'admettre la coexistence reconnue et indiscutée des deux solutions avec faculté de choisir pour le gagnant.

Un seul texte paraît donner véritablement le droit d'option : c'est le fr. 21, § 4, *De operis novi nuntiat.* (XLIX-1) ; mais je démontrerai plus loin qu'il n'a pas trait à la question qui nous occupe.

J'écarte donc l'idée d'une option exercée par le gagnant; je crois aussi, avec M. Demangeat, qu'on ne peut admettre le principe de l'exécution réelle, même pour l'époque d'Ulpien ; et par conséquent je repousse le système intermédiaire qui fait une distinction chronologique, et affirme non plus la coexistence, mais la succession des deux systèmes pendant la période formulaire.

Les arguments qu'on a fait valoir en ce sens me semblent décisifs.

1° Les textes de Cicéron et de Paul où il est question de *cogere fundum restituere* ne suffisent point à établir l'existence de l'exécution réelle, parce que ces expressions s'expliquent parfaitement par l'idée d'une contrainte indirecte, qui résulterait de la menace d'une condamnation pécuniaire plus forte. C'est ainsi que le mot *cogere* dans le fr. 1, § 2, *Si ventris nomine* (XXV-5), est précisément employé dans un cas où il ne s'agit pas de l'exécution *manu militari.*

2° L'argument tiré du rapprochement des fragm. 46 et 69, *De rei vindic.*, quelque supérieur qu'il soit, peut et doit être écarté. « La circon-« stance que la propriété passe au défendeur condamné ou qu'il peut se « faire céder les actions n'implique pas nécessairement que le demandeur « peut choisir entre le recouvrement de sa chose et la condamnation, et « qu'en optant pour ce dernier parti il a consenti à perdre tous ses droits « relativement à sa chose. La preuve c'est que, si le défendeur a cessé de « posséder par simple faute (2), le demandeur n'a plus l'option et doit se « contenter d'une condamnation fixée par le juge, et cependant l'action est « transférée au demandeur (3). »

On ajoute encore cette considération : « En cas de *contumacia*, si le

---

(1) V. M. Demangeat, *Traité du fonds dotal*, pp. 119 et suiv.
(2) Fr. 47 et 63, *De rei vindic.* (VI-1).
(3) V. M. Demangeat, p. 127.

« demandeur ne veut pas user de la *manus militaris*, il devrait *caver*
« *de evictione* en imposant l'achat au demandeur. » Or, Paul, dans le fr
35, § 2, décide que « le demandeur ne doit aucune garantie au possesseur d
« chef de l'éviction de la chose dont il a reçu la valeur estimative : l
« possesseur se rend, en effet, responsable en ne restituant pas la chose.
Il n'y a donc pas de cession volontairement consentie par le revendiquant.

3° Un texte d'Ulpien lui-même prouve encore que la condamnation pécu
niaire n'était pas facultative, mais, au contraire, s'imposait. « On peut s
demander, dit le juriconsulte (1), si dans le cas où un fonds pupillaire es
revendiqué par le tuteur, et n'est point restitué, l'offre de la valeur estima
tive emporte son aliénation. Il faut répondre affirmativement : ce n'est pas
en effet, une aliénation volontaire de la part du tuteur. » Voilà une répons
nette : il y a aliénation, et l'aliénation n'est pas volontaire. Le principe es
donc toujours le même : les condamnations sont pécuniaires. S'il était u
cas où on l'eût fait fléchir, ce serait certes bien quand il s'agit d'un immeu
ble inaliénable, comme le fonds d'un mineur d'après l'*oratio Severi* ou l
fonds dotal d'après la *lex Julia :* mais dans ce conflit de deux principe
contradictoires, le plus fort est encore le principe des condamnation
pécuniaires.

Quant au transfert de propriété, quant au règlement des cession
d'actions, quant à la garantie, ce sont des questions réglées selon les inspi-
rations de l'équité, qui a une large part dans les actions arbitraires, bien
que ce ne soient pas des actions de bonne foi. Les Institutes en témoignent :
*In his enim actionibus... permittitur judici ex bono et æquo, secun-
dum cujusque rei de quâ actum est naturam, æstimare quemadmodum actori satisfieri oporteat* (2). Un fragm. de Celse, inséré au Digeste
montré plus clairement encore combien est large le pouvoir du juge qui
règle la situation des parties dans des actions de cette espèce (3).

DIXIÈME PROPOSITION : *Le demandeur n'a pas d'option entre*
le serment in litem *et l'exécution réelle : il est obligé*
d'accepter une indemnité pécuniaire.

Mais en face de cette proposition se dresse le fragment 68 qu'il faut bien
expliquer. M. Demangeat en fait une hypothèse unique. Voici son explication : « L'emploi de la *manus militaris* est possible uniquement dans le
« cas que suppose Ulpien, c'est-à-dire dans le cas où le défendeur a déclaré

---

(1) Fr. 3, § 2, *De rebus eorum* (XXVII-9).
(2) Instit., § 31, *De action.* (IV-6).
(3) V. fr. 38, *De rei vindic.* (VI-1).

« 'qu'il ne pouvait pas restituer, et a été convaincu de mensonge à cet égard. »
Dans cette hypothèse, aucune violence n'était faite au possesseur, et, en conci-
liant tous les intérêts on pouvait donner au demandeur complète satisfaction.

§ 21. — Quelque ingénieuse que soit l'explication, elle ne me paraît
pourtant pas admissible.

Le premier reproche à adresser à cette théorie, M. Accarias le formule
très bien en disant qu'il n'est guère possible d'admettre la distinction qu'on
veut faire « entre le défendeur bien élevé qui dit *non possum restituere* et
« celui qui dit effrontément non. L'exécution forcée serait admise contre le
« premier, et refusée contre le second. Celui qui veut retenir la chose d'au-
« trui n'aurait donc qu'à garder un peu de cynisme, et à braver ouverte-
« ment l'autorité du juge! A coup sûr, ce n'est pas là une idée bien
« pratique. »

Je soulèverai une autre objection : comment les choses vont-elles se
passer, en effet, dans l'hypothèse de M. Demangeat? Une perquisition sera
faite chez le défendeur pour amener la découverte de l'objet qu'il prétend
ne pas détenir. Or, une perquisition faite par la force armée me paraît être
une violence bien caractérisée qu'on ne peut admettre qu'après le triomphe
du principe de l'exécution forcée. Le domicile du Romain fut légalement
inviolable jusqu'aux derniers temps de l'Empire. Gaïus nous le dit (1) :
« La majorité des jurisconsultes était d'avis qu'on ne pouvait pénétrer dans
« la maison d'un particulier pour le citer en justice parce que la maison est
« pour chaque citoyen son refuge le plus sûr et son asile : celui qui y
« pénétrerait pour citer en justice se rendrait évidemment coupable de
« violence. » Avec de telles idées, les Romains ne pouvaient admettre les
visites domiciliaires que suppose l'hypothèse de M. Demangeat. Si l'on
pouvait arrêter la force publique par le refus de restituer une chose qu'on
possédait au su de tous, comment n'aurait-on pas pu l'arrêter sur le seuil de
sa maison quand elle y venait chercher ce qu'on prétendait ne pas avoir
entre les mains? Il n'y avait qu'à se mettre à couvert derrière l'inviolabilité
du domicile, et il est peu probable que le défendeur, qui voulait se soustraire
à une restitution, n'usât pas de ce moyen.

Je retiendrai donc de l'argumentation de M. Demangeat toute la partie
négative, c'est-à-dire la réfutation du système de M. Pellat. L'exécution
réelle forcée n'est pas la règle, même quand il s'agit de lever un simple
obstacle de fait. La grande règle posée par Gaïus au § 48 du c. IV reste
vraie même à l'époque d'Ulpien : les condamnations sont pécuniaires.

____

(1) Fr. 18, *De in jus vocando* (II-4).

Mais je n'admets pas l'explication du § 68 que fournit le savant professeur, et il me semble qu'on en peut proposer une plus satisfaisante.

Tout un ensemble de circonstances nous donne à croire que le fr. 68 d'Ulpien était relatif à la matière des fidéicommis. M. Demangeat signale lui-même ce point (1).

Les commentaires d'Ulpien sur l'édit comprenaient 83 livres. Les deux derniers étaient relatifs à l'édit des édiles curules, et les autres à l'édit du préteur. Les livres 50 et 51 traitaient spécialement des fidéicommis. Quelques observations donneront à cette hypothèse un haut degré de vraisemblance. Dans les titres *Testam. quemadmod. aperiantur* et *si quis omissâ causâ testam.* on trouve plusieurs fragments d'Ulpien empruntés à son livre 50 *ad Edict.*, et de ces fragments, les plus importants se réfèrent textuellement à la matière des fidéicommis (2). Quant au livre 51 du commentaire d'Ulpien, il n'a fourni que 6 fragments aux compilateurs du Digeste. L'un tranche une question sur les legs (71, *De legatis*, 1° xxx); un autre est relatif aux fidéicommis (9, *Usufructuar. quemad. caveat*, viii-9); un troisième a trait à la stipulation *emptæ hereditatis*, qui intervient dans le cas de fidéicommis (51, *De verbor. oblig.*, xlv-1 ; *cfr. cum* 50 *eod.*, emprunté au livre 50 du *comment. ad Edict.*); les fr. 64, *De usufr.*, vii-1, et 30, *De solut.*, xlvi-3, très courts, paraissent contenir des solutions incidentes; le dernier texte enfin est le fr. 68, *De rei vindic.*, où, comme nous le verrons, rien ne s'oppose à ce qu'on voie une hypothèse de fidéicommis.

La solution d'Ulpien dans le fr. 68 n'a plus de quoi nous surprendre, s'il s'agit d'un fidéicommis particulier.

Cette matière spéciale est, en effet, soumise à une juridiction et à une procédure qui sortent du droit commun. Quand on eut consacré la validité de ces actes de dernière volonté, si commodes pour celui qui voulait faire des libéralités pour après sa mort, ils devinrent si usuels que l'on institua un magistrat tout exprès pour connaître des difficultés qui s'élevaient sur ce sujet. Le consul, qui s'en était d'abord occupé, fait place au *prætor fideicommissarius* comme autrefois les tribuns avaient fait place au *prætor tutelaris* pour les questions relatives aux tutelles (3). En dehors de Rome, on recourt au *præses provinciæ* que l'on va trouver aux assises qu'il tient à époques déterminées dans les grandes villes de son gouvernement (4).

---

(1) *Traité du fonds dotal*, p. 121, note. — C'est l'opinion de MM. Bethmann Hollweg, *Der Civilprozess des gemeinen Rechts*, II, p. 698, — et Rüdorff, *Edicti perpetui quæ relicta sunt*, § 174. — Je suis redevable à M. Demangeat de l'indication des arguments sur lesquels repose la présomption ci-dessus énoncée.

(2) Fr. 1, § 9, *Si quis omissâ causâ* (xxix-4); fr. 6, *eod.*; 10, § 1, *eod.*; 12, pr., *eod*, etc.

(3) G., i, § 185. — § 1, Inst., *De fideicommiss. hered.* (ii-23). — Ulp., Reg., § 12, *De fideic.*, xxv.

(4) G., ii, § 278.

C'est donc devant un magistrat et non pas devant un juge que se déroule le procès. Il y a lieu à une *cognitio extraordinaria*.

Mais entre les pouvoirs d'un magistrat et ceux d'un juge privé il y avait une grande différence. L'un était dépositaire de l'*imperium* et avait à sa disposition la force armée pour faire exécuter ses prescriptions; l'autre n'avait pas qualité pour employer la contrainte : la volonté du peuple ne lui avait pas conféré l'*imperium*, et comme l'*imperium* ne pouvait faire l'objet d'une délégation, il n'était pas possible de lui reconnaître un pouvoir d'emprunt, transmis par le préteur qui le nommait. Le magistrat pouvait prendre des mesures exécutoires *manu militari* et par suite, quand il siégeait comme juge, prononcer des condamnations *in ipsam rem* dont il assurait l'exécution au besoin par la force. L'autre devait formuler sa décision de telle manière que la partie qui triomphait pût l'appliquer elle-même : à cet effet, le juge établissait des droits de créance dont on poursuivait la réalisation par les voies ordinaires.

Je crois que cette solution, en tant que purement rationnelle, peut être admise sans difficultés. Reste à savoir si les textes la justifient, et si le fr. 68 s'accorde avec elle dans toutes ses parties. Je trouve d'abord chez Ulpien lui-même la distinction que j'ai faite entre les *cognitiones extraordinariæ* et la procédure ordinaire.

Prætor adjecit ut qui per dolum venit in possessionem cogatur decedere : coget autem eum decedere non prætoriâ potestate vel manu ministrorum, sed melius et civilius faciet si eum per interdictum ad jus ordinarium remiserit (1).

L'édit du préteur a donc décidé que quiconque se mettrait en possession dolosivement aurait à abandonner cette possession. Deux moyens s'offriraient : la contrainte exercée par le préteur aidé de ses officiers de police; à ce moyen le juriconsulte en préfère un autre *civilius, ordinarium*, qui rentre dans le droit civil, dans la procédure ordinaire : c'est l'interdit prenant la forme d'une action *in factum*, et aboutissant à une condamnation pécuniaire, puisqu'il n'y aura pas lieu d'employer la *prætoriam potestatem*, la *manum ministrorum*. L'antithèse est-elle assez claire ? Qu'est-ce qui s'oppose aux mots *civilius* et *ordinarium ?* Autrement dit, à quel ordre de procédure se rattache la coercition ? C'est évidemment à la procédure plus spécialement prétorienne, à la procédure extraordinaire.

Mais il n'est même pas besoin de faire sortir par le raisonnement de ce dernier texte ce qu'il ne dit pas expressément. Voici un autre texte, d'Ulpien encore, qui est absolument formel : *Si quis missus fuerit in possessionem*

---

fideicommissi servandi causâ et non admittatur : potestate ejus inducendus est in possessionem qui eum misit; aut si quis volet uti interdicto, consequens erit dicere interdictum locum habere, sed melius erit dicere extrà ordinem ipsos jure suæ potestatis exsequi oportere decretum suum, nonnunquam etiam per manum militarem (1).

Nous rencontrons ici les mêmes mots que dans le fr. 68, *manus militaris;* il s'agit d'un fidéicommis comme, selon nous, il en est question dans le fr. 68. Les deux textes se complètent et s'expliquent : la possibilité d'employer la *manus militaris* vient de ce que l'on est en face d'une procédure *extra ordinem* où le juge se trouve investi de l'*imperium* parce que le juge est le magistrat lui-même.

Il est vrai que le dernier alinéa du fr. 68 donne un démenti formel à l'explication que j'en propose. Je restreins la solution à une hypothées toute spéciale, et il est conçu dans les termes les plus généraux : *Hæc sententia generalis est, et ad omnia sive interdicta, sive actiones in rem, sive in personam sunt ex quibus arbitratu judicis quid restituitur, locum habet.* Mais cette phrase me semble plus que suspecte, et la main de Tribonien y a certainement fait quelque interpolation. Si peu grammairien que l'on soit, on sentira que cette phrase a toutes les apparences du latin du Bas-Empire. *Locum habere ad omnia.....* n'a jamais été une construction correcte; on dit *locum habere in omnibus.....* Le verbe *sunt* après les mots *sive in personam* est un mot parasite qui traduit la maladresse du rédacteur. Toute la phrase enfin est d'une élégance byzantine qui n'a rien de commun avec le latin *aorné* que Rabelais admirait dans les Pandectes ; le langage des compilateurs est un peu celui des glossateurs.

L'affirmation de la généralité de la solution donnée sur une *espèce* particulière décèle aussi la vérité. Ulpien avait en vue une hypothèse régie par des principes spéciaux. Par un revirement de législation il est arrivé que cette solution est devenue générale ; les compilateurs du Digeste l'ont recueillie et étendue à tous les cas. Seulement ils ont oublié ce remaniement en transcrivant plus loin les fr. 1, § 2, *Si ventris nomine*, et 3 pr., *Ne vis fiat ei* : si bien qu'ils font dire au même jurisconsulte, dans le fr. 68, qu'il y a lieu de recourir à la *manus militaris* dans tons les interdits tendant à une restitution ; et qu'ils lui font plus loin exprimer cet avis que les moyens coercitifs ne trouvent pas d'application dans les interdits.

J'ai tenu à montrer que, grâce à l'interpolation du texte d'Ulpien, ce jurisconsulte se trouvait mis en contradiction avec lui-même. Paul, de son côté, pour le cas d'un interdit donné afin de faire enlever un ouvrage, ce

---

(1) Fr. **3**, *Ne vis fiat ei* (XLIII-4).

qui est une restitution dans le sens large, prévoit le refus du condamné ; il n'admet pas qu'on triomphe par la force de sa résistance, et déclare qu'on aboutira purement à une condamnation pécuniaire (1).

La dernière phrase du fr. 68 n'est pas d'Ulpien. Une autre petite difficulté ne nous arrêtera pas longtemps. L'hypothèse où selon moi se place le jurisconsulte se rapporte à un cas de procédure extraordinaire, et par conséquent le magistrat lui-même devrait connaître de la question. Cependant il est parlé du *judex* ; mais nous trouvons dans bien d'autres passages la même confusion de termes, et ainsi elle n'a rien ici qui doive nous surprendre. Peut-être est-ce là une substitution d'un mot à l'autre dont les les rédacteurs du Digeste sont responsables ; peut-être même les jurisconsultes classiques les employaient-ils déjà comme synonymes. Au Digeste et au Code, des titres relatifs à des actes d'exécution accomplis sous l'autorité du magistrat ont pour rubrique : *De rebus auctoritate judicis possidendis seu vendendis* (2).

Ces diverses observations seront peut-être suffisantes pour faire admettre l'explication que j'ai proposée du fr. 68, *De rei vindicatione*, et d'après laquelle ce texte n'aurait de portée que pour les cas de *cognitio extraordinaria*.

§ 22. — Quoique la plupart des auteurs concentrent la discussion uniquement sur le fr. 68, je dois, pour être complet, rapporter encore un texte susceptible de controverse. Il paraît, en effet, confirmer la théorie de M. Pellat sur la faculté d'option accordée au demandeur qui a établi son droit en justice, et pourrait, à ce titre, m'être opposé.

Voici ce texte : *Sive autem res judicetur, sive res non defendatur, stipulatio in id committitur ut res viri boni arbitratu restituatur : quod si ita restitutum non erit, quanti ea res erit, tantam pecuniam dabit, si hoc petitori placuerit* (3).

Il s'agit de la *novi operis nuntiatio*. Mon voisin entreprend une construction sur mon fonds ou sur le sien dans des conditions telles qu'il lèse mes droits : je lui défends de continuer, et il doit effectivement suspendre ses travaux jusqu'à ce que j'aie pu établir qu'il viole ma propriété. Mais il se peut que je n'arrive pas à établir la légitimité de mes prétentions ; et une interruption des travaux causerait à mon voisin un grave préjudice : le préteur concilie les deux intérêts opposés en permettant, d'une part, la continuation des travaux, et en m'assurant, d'un autre côté, la réparation

---

(1) Fr. 5, *De interdictis* (XLIII-1).

(2) *Adde*, fr. 41, *De minor.* XXV *Annis* (IV-4).

(3) Fr. 21, § 4, *De operis novi nuntiat.* (XXXIX-1).

de tous dommages que je pourrais subir. A cet effet, mon voisin devra s'obliger envers moi par *sponsio*, à rétablir les choses dans leur état primitif, pour le cas où je ferais la preuve de mon droit prétendu, et me donner caution de l'accomplissement de cette obligation.

Ulpien, se plaçant dans l'hypothèse où un jugement intervient en ma faveur, puis dans l'hypothèse où mon voisin fait défaut, décide que dans les deux cas indistinctement l'obligation de rétablir les choses selon l'équité prend naissance : mon voisin devra restituer, et, à défaut de restitution, me payer l'indemnité pécuniaire du dommage que j'éprouve, si moi, demandeur, j'y consens.

C'est donc, dit-on, que je puis, à mon choix, demander l'exécution réelle ou une indemnité pécuniaire.

M. Keller déclare hardiment que le texte est altéré (1). L'interpolation des mots *si hoc petitori placuerit* lui paraît évidente. La question est ainsi facilement tranchée.

Nous sommes en face d'une action arbitraire : il y a, en effet, deux moyens qui me permettent d'établir mon droit. Ou bien mon voisin empiète sur mon fonds, soit en construisant un chemin, soit en faisant avancer un balcon qui surplombe : il allègue pour cela une servitude dont il se dit titulaire contre moi, et c'est l'action négatoire, arbitraire, qui me sert à repousser sa prétention. Ou bien il construit sur son terrain : pour que je me prétende lésé, il faut que j'aie une servitude sur son fonds, par exemple, une servitude *non altius tollendi;* j'intenterai l'action confessoire, également arbitraire, pour l'établir.

Dans l'une ou l'autre actions, un ordre de restituer précédera la condamnation. Supprimez les mots que M. Keller déclare suspects, il n'y a plus rien qui contredise la théorie que j'ai proposée. *Stipulatio in id committitur ut res viri boni arbitratu restituatur : quod si ita restitutum non erit, quanti ca res erit, tantam pecuniam dabit.*

Mais bien loin d'être évidente, l'interpolation ne me paraît même pas vraisemblable. Le but des rédacteurs du Digeste aurait été de mettre un texte ancien d'accord avec la législation nouvelle, d'après laquelle les condamnations portent *in ipsam rem.* Rien n'était plus facile ; on n'avait qu'à supprimer le membre de phrase où il est dit qu'à défaut d'exécution du *jussus* il y aura une condamnation pécuniaire. C'est ce qu'on n'a pas fait.

Tout en repoussant l'interpolation, il n'est pas impossible d'échapper à l'argument que l'on fait contre nous.

Dans le même fr. d'Ulpien (§ 7) nous trouvons une décision de Labéon,

---

(1) *De la procéd. civ. et des actions,* p. 383, note 982.

ainsi conçue : *Idem (Labeo) dicit adjiciendum esse in stipulatione ut tantum præstetur quanti uniuscujusque intersit, si hoc maluerint.* Le rapprochement des §§ 4 et 7 ne donnerait-il pas à croire que les mots *si voluerit, si maluerit petitor* faisaient partie « des termes mêmes de la « stipulation ? D'après cette interprétation, l'usage aurait donc été que le « promettant s'engageât sous forme d'obligation alternative avec le choix « laissé au demandeur, de façon que celui-ci pût refuser la satisfaction qui « lui serait offerte pour s'en tenir aux dommages-intérêts (1). » La stipulation portait donc, d'après l'usage, sur une obligation alternative. C'est là tout ce que veut dire Ulpien, et remarquez, en ce sens, qu'il n'attribue pas à la condamnation le double effet d'obliger à rétablir matériellement l'état antérieur, ou bien à payer des dommages-intérêts. Pas un mot ne marque que le propriétaire qui vient de faire la preuve de son droit d'arrêter les travaux ait eu recours à la justice pour faire exécuter l'obligation prise sur l'ordre du préteur. De la seule preuve du droit découle une obligation pour mon voisin : il peut l'exécuter de bonne grâce; sinon, il y aura une action en justice, mais dont le texte ne fait pas mention. Labéon, dans la décision rapportée plus haut ne supposait pas l'alternative dans la condamnation, mais dans l'obligation du défendeur. Ulpien n'ajoute rien à la décision de son prédécesseur. « *Quod si ita restitutum non erit, quanti ea res erit,* « *tantam pecuniam* DABIT, *si hoc petitori placuerit.* » Je souligne le mot *dabit* pour bien montrer qu'il ne s'agit pas d'une condamnation alternative comme l'a cru M. Keller.

L'objection tirée du fr. 21 *de operis novi nunt.* étant ainsi écartée, je résumerai les conclusions de toute la discussion précédente, en cette proposition :

ONZIÈME PROPOSITION : *Dans les actions arbitraires comme dans toutes autres actions, le principe des condamnations pécuniaires est seul admis. Il n'appartient pas au juge qui n'a pas l'imperium d'exercer des moyens de contrainte. Il en est autrement quand un procès est tranché par le magistrat en personne, dans une cognitio extraordinaria : il a des pouvoirs lui permettant d'assurer l'exécution réelle de l'obligation toutes les fois qu'elle est possible et nécessaire.*

§ 23. — Il paraîtra singulier, sans doute, qu'on prît la peine de créer

---

(1) V. M Herbet, thèse pour le doctorat. Paris, 1874. *De l'exécution sur les objets particuliers*, p. 49.

des actions arbitraires et de compliquer la procédure d'un *jussus* préalable à la condamnation, si ce *jussus* n'était d'aucune utilité et que le mauvais vouloir du demandeur ramenât toujours invariablement aux condamnations pécuniaires.

Aussi dois-je expliquer le résultat particulier auquel on arrivait dans les actions arbitraires : nous verrons que tout moyen de contrainte ne faisait pas défaut pour amener l'exécution réelle; seulement, il était indirect.

Dans l'*actio quod metûs causâ*, l'inexécution de l'ordre du juge entraînait contre le défendeur une lourde condamnation au quadruple de la valeur effective du dommage (1); menace qui était certainement de nature à faire plier son entêtement.

Dans l'*actio de dolo*, le refus d'exécution exposait le défendeur à l'infamie (2); il était de plus soumis au mode d'estimation dangereux que nous retrouvons dans les autres actions arbitraires, et qui est le *juramentum in litem* (3).

M. Wangerow, qui a étudié avec soin cette matière, définit ainsi ce serment (4) :

« Le *jusjurandum in litem* est, d'après la notion véritable, le serment
« par lequel le demandeur dans les actions arbitraires ou dans les actions
« de bonne foi fondées sur un *restituere* ou un *exhibere*, apprécie la valeur
« de l'objet du litige et son intérêt, quand le défendeur invité à restituer
« ou à exhiber ne se conforme pas à cette sentence, ou ne peut pas s'y
« conformer, à raison de son dol ou de sa faute lourde. »

M. de Savigny a la même théorie, à cela près qu'il englobe dans les actions arbitraires les actions de *b. f.* fondées sur un *restituere* ou un *exhibere*. Pour les deux auteurs, le serment a pour but de procurer indirectement l'exécution réelle d'un fait, exhibition, restitution, que l'on ne saurait obtenir directement. De nombreux textes (5) prouvent que le *juram. in litem* rencontre en effet une application normale dans les actions arbitraires. Mais cela ne suffit pas à démontrer la théorie de MM. Wangerow et de Savigny, qui donne pour but unique au serment estimatoire d'assurer indirectement une restitution ou une exhibition.

On a soutenu, en effet, qu'indépendamment des actions arbitraires ou autres tendant à un *restituere* ou à un *exhibere*, toute action de *b. f.* donnait lieu au *juramentum* sous la seule condition que le dol fût un élément

---

(1) Fr. 14, § 4, *Quod metûs causâ* (iv-2).
(2) Fr. 1, § 4, *De dolo* (iv-3).
(3) Fr. 18, pr., *De dolo* (iv-3)
(4) *Lehrbuch der Pandekten*, I. B., § 171.
(5) V. *Lehrbuch*, I. B., p. 226 et M. de Savigny, *Traité de dr. r.*, V , § 221.

du procès. Le *juramentum* s'appliquerait à tous les cas de dol. L'inexécution du *jussus* rentrerait elle-même dans cette idée générale de dol, et c'est comme telle, mais non pas en vertu de principes exclusifs aux actions arbitraires qu'elle autoriserait le demandeur à fixer la condamnation par le *juramentum in litem*, dont le but reste, d'ailleurs, toujours de contraindre indirectement à l'exécution réelle. L'intérêt pratique des deux doctrines ne se manifeste donc pas dans notre matière, mais bien relativement aux actions de bonne foi. Dans les actions arbitraires, au contraire, soit qu'on admette le *juramentum in litem* comme moyen spécial à l'effet d'assurer indirectement l'exécution du *jussus*; soit qu'on l'admette à titre de sanction du dol manifesté dans l'inexécution, le serment intervient et a les mêmes effets.

La question théorique me paraît cependant mériter la discussion. Pour soutenir que toute action de bonne foi, quel que soit l'objet de la poursuite, admet le serment *in litem* quand il y a un dol ou une faute lourde à atteindre, on tire argument de deux textes que voici :

In actionibus in rem et in ad exhibendum et in bonæ fidei judiciis in litem juratur... sed in his omnibus ob dolum solum in litem juratur (1).

Et : *In hâc actione (depositi), sicut in ceteris bonæ fidei judiciis similiter, in rem jurabitur* (2).

Malgré la généralité de ces textes, M. Wangerow soutient qu'ils ne se réfèrent qu'au cas où l'action de *b. f.* tendrait à un *exhibere* ou à un *restituere*.

Quels sont ses arguments ?

1° La décision d'Ulpien à la fin du fr. 68 *De rei vindic.* paraît fournir la base même de la théorie du serment; il intervient dans les actions *ex quibus arbitratu judicis quid restituitur*. — Je ne saurais, pour ma part, admettre le témoignage — d'ailleurs peu probant — de ce texte dont je me suis efforcé de démontrer plus haut l'interpolation;

2° Dans le cas d'une action *in bonum et æquum concepta*, l'*actio rei uxoriæ* où le serment estimatoire est admis, voici comment le jurisconsulte justifie cette solution : *quia invitis nobis res nostras alius retinere non debeat.* — Mais le jurisconsulte motive sa solution de la manière qui se rapportait le mieux à l'affaire : ne pas restituer est une forme du dol, et il n'avait pas le moins du monde à exprimer la doctrine dans ses termes généraux ;

---

(1) Fr. 5, pr., *De in litem jur.* (XII-3).
(2) Fr. 3, § 2, *Commod.* (XIII-6).

3° Dans une action de *b. f.*, l'action *depositi contraria*, le bénéfice du *juramentum in litem* est enlevé au demandeur, ce qui ne peut s'expliquer autrement que par la circonstance qu'il ne s'agit plus de restitution (1). — Je remarque que tel n'est pas le motif que donne Ulpien, qui semble bien plutôt rattacher sa solution à ce fait qu'il n'y a pas de dol ; et précisément cela suppose que, s'il y avait dol, il y aurait lieu au serment : *non enim de* FIDE RUPTA *agitur, sed de indemnitate ejus qui deposuit;*

4° Je ne saurais admettre davantage la manière dont M. Wangerow explique le fr. que voici : *si quis igitur dolo inventarium non fecerit, in eâ conditione est ut teneatur in id quod pupilli interest* (2). « Si dans le dernier état du droit, dit cet auteur, le serment est accordé aussi à défaut d'inventaire, ce n'est pas contradictoire avec notre principe, car dans ce cas encore le tuteur ne se conforme pas à l'ordre du juge de restituer l'inventaire. » — Personne ne dira que c'est la restitution de l'inventaire que poursuit l'ex-pupille : c'est la restitution de ses biens. Pour être assuré que le tuteur ne retient aucune portion de son patrimoine, il lui demande de représenter l'inventaire qui doit en établir la consistance, et comme le défaut d'inventaire est, sinon un dol, au moins une faute lourde assimilable au dol, le mineur, lésé par ce dol, et agissant par une action de *b. f.*, se trouve dans les conditions requises pour déterminer la mesure de son intérêt par le *jusjurandum in litem*. La simple lecture du texte montre que c'est à la question de dol que se rattache cette solution.

Tutor qui repertorium non fecit... dolo fecisse videtur : nisi forte aliqua necessaria et justissima causa allegari possit cur id factum non sit. Si quis igitur dolo inventorium non fecerit, et rel...

DOUZIÈME PROPOSITION : *Le* juramentum in litem *était accordé au demandeur dans les actions de bonne foi, toutes les fois qu'il avait été victime d'un dol préjudiciable. Dans les actions de droit strict, il était admis à défaut de toute autre preuve (3). Dans les actions arbitraires, il était d'une application constante, soit que le dol eût consisté à se mettre volontairement dans l'impossibilité d'exécuter le* jussus, *soit qu'il eût consisté à ne pas se soumettre à l'ordre du juge, bien qu'on pût l'exécuter.*

---

(1) Fr. 5, pr., *Depositi* (XVI-3).
(2) Fr. 7, pr., *De administ. et peric. tutor.* (XXVI-7).
(3) Fr. 5, § 4, *De in litem jur.* (XII-3).

§ 24. — Sur les éléments d'appréciation qui servaient de base au serment, les opinions sont aussi divisées. De droit commun, on ne fait pas entrer en ligne de compte d'un dommage subi l'intérêt d'affection qui pouvait s'attacher à l'objet du droit violé (1). Partant de cette idée, M. Wangerow affirme « qu'il est ouvertement contre nature que les bases matérielles de « l'appréciation du préjudice changent selon qu'on emploie tel ou tel moyen « de preuves. Seulement, il est dans la nature des choses que le juge « impartial estime d'après des bases objectives et d'après les moyens de « preuves qui lui sont soumis, et ainsi trouve l'estimation la plus objective « possible ; tandis que le demandeur, confondant son intérêt avec la valeur « de la chose, fournit un jugement tout à fait subjectif. Tous deux, juge et « demandeur, doivent également estimer *quanti res est* et *quanti actoris* « *interest*, c'est-à-dire la valeur de la chose et l'intérêt, mais tous deux, « partant de points de vue différents, aboutissent à des résultats différents. »

Cette théorie n'est pas, d'ailleurs, la théorie dominante en Allemagne, et la plupart des auteurs admettent comme élément d'appréciation la valeur d'affection qui s'attache à la chose.

L'opinion générale me paraît aussi être la plus conforme aux textes et à l'esprit de l'institution.

Voici, en effet, ce que disent les textes : *Jurare autem in infinitum licet* (2). — *Quantum adversarius in litem sine ulla taxatione in infinitum juraverit* par antithèse au *quanti res est*, *id est quanti adversarii interfuit* qui est le mode de fixation de la condamnation quand il n'y a pas de dol, et par conséquent pas de *juramentum in litem* (3). Un texte qui mieux encore prouve que les éléments d'appréciation variaient selon qu'on avait recours au *juramentum* ou aux modes ordinaires de preuve, est le fr. 5, § 1, *Ne quis eum qui in jus*... (II-7), ainsi conçu : *Non id continetur quod in veritate est, sed quanti ea res est ab actore æstimata.*

Pourrait-on, d'ailleurs, considérer comme une contrainte la menace d'avoir à payer au delà de la valeur réelle de la chose, ce léger supplément dont l'illusion du demandeur sur la valeur de l'objet perdu grèverait le condamné récalcitrant? Serait-ce bien la peine de donner au juge, en certains cas, le droit de mettre une limite aux exagérations du demandeur si jamais ses prétentions ne pouvaient dépasser la valeur objective de la chose, dont l'appréciation ne peut varier que dans des limites assez étroites, si on la suppose toujours honnêtement faite ?

---

(1) V. M. Maynz, *Cours de d. rom.*, T. II, § 175.
(2) Fr. 4, § 2, *De in litem jur.* (XII-3).
(3) Fr. 68, *De rei vindic.* (VI-1), — 1, *De in litem jur.* (XII-3).

§ 25. — De nos recherches sur la nature des condamnations pendant la seconde période de la procédure romaine, il résulte que leur caractère reste le même qu'il était sous les actions de la loi, exclusivement pécuniaire. Les actions arbitraires mêmes ne brisent pas ce principe. Le préteur qui les crée respecte la loi établie ; il introduit seulement un moyen indirect de procurer au demandeur, qui a prouvé son droit, la satisfaction qu'il demande : car, persister dans le refus d'exécution, c'est se mettre à la discrétion du demandeur. La timidité du préteur s'explique : il n'est pas législateur. Comme font toujours les interprètes, même quand ils avancent dans la voie du progrès, il va lentement ; il procède, non par innovation, mais par extension des dispositions les plus favorables ; il étend peu à peu le cercle des actions arbitraires, il étend aussi les cas de *cognitiones extraordinariæ* où il peut exercer une contrainte, en tant qu'il est dépositaire de la puissance du peuple romain. Renverser les principes, détruire pour reconstruire à nouveau, cela n'appartient qu'au pouvoir législatif. Quelle que fût à Rome la confusion des pouvoirs, on ne l'aurait pas permis au préteur.

Certains auteurs fanatiques du droit romain, et qui renoncent à la critique quand il s'agit de ses institutions, ont vu dans ce principe des condamnations exclusivement pécuniaires, tempéré par la théorie des actions arbitraires, l'idéal du système de condamnations.

Une condamnation pécuniaire, a-t-on dit, coupe court aux contestations qui peuvent naître après une restitution en nature, si l'on prétend qu'elle a été faite en dehors des conditions que la bonne foi commandait d'observer. J'accorde que le temps des magistrats soit ainsi épargné ; mais cet avantage n'est-il pas acheté bien cher au prix du sacrifice d'un droit du demandeur ?

Plus souvent, on a mis en lumière cette autre idée que les droits des créanciers se trouvant réduits en valeurs de même espèce, rien n'est plus aisé que d'établir entre eux l'égalité. Quand le débiteur commun ne pourra pas remplir intégralement ses obligations, on imposera aisément, à chacun de ceux qui ont des droits contre lui, une réduction qui eût été impossible si les uns eussent été créanciers d'une prestation divisible, les autres d'une prestation indivisible (1).

Ce raisonnement est excellent quand on se trouve en face d'une masse de créanciers volontaires : leur situation doit être égale devant le gage commun, puisqu'ils ont un droit de même nature et qu'ils ont suivi la foi de leur débiteur. Mais si vous supposez que, de ces créanciers, les uns ont contracté avec le débiteur, tandis que les autres sont devenus, malgré eux, ses créan-

____

(1) V. M. Bonjean, *Traité des Act.*, II, p. 543.

ciers parce qu'il a commis un fait à eux préjudiciable ; si, d'autre part, vous supposez qu'une complète réparation du préjudice causé soit possible, par exemple : mon voisin a construit des ouvrages sur son fonds qui entravent la jouissance pleine de ma propriété ; est-il juste de dire à ces créanciers *ex maleficis :* Vous n'avez pas de cause de préférence, il est juste que vous soyez traités sur le même pied que les chirographaires ; subissez une réduction et, pour qu'elle soit possible, subissez d'abord la transformation de votre droit en une créance pécuniaire ? La différence de situation est pourtant bien grande entre des créanciers volontaires, qui ont suivi la foi de leur débiteur, et ceux qui, malgré eux, se trouvent engagés envers lui : si les premiers trouvent leur débiteur insolvable, ils doivent s'en prendre à eux-mêmes de leur aveugle confiance ; rien ne s'opposait à ce qu'ils exigeassent des garanties de paiement. Mais les autres, au contraire, subissent une nécessité qu'on doit leur rendre le moins préjudiciable possible, pour satisfaire à l'équité.

Je ne crois pas, pour ma part, que cette considération du maintien de l'égalité entre créanciers ait dicté le principe des condamnations pécuniaires ; mais, s'il en était ainsi, je crois que ce principe, admis d'une manière absolue, eût été un vice de la loi.

Je critiquerai bien plus vivement ce même principe de réduire à la même mesure des droits de nature différente, comme le droit de créance et le droit de propriété. Ce n'est pas une règle arbitraire d'un code que celle qui attache à la propriété suite et préférence. La propriété est exclusive ; c'est un droit jaloux qui n'admet pas le concours, parce que deux personnes ne peuvent pas, simultanément, avoir la libre disposition de la même chose ; là où il y a deux puissances, elles se limitent forcément l'une l'autre. Or, la chose est sous le pouvoir absolu du propriétaire ; il faut donc qu'il soit seul. Le principe des condamnations pécuniaires méconnaît absolument ce caractère du droit de propriété. Le droit de suite est supprimé : quand ma chose est sortie de ma main, je ne puis plus la ressaisir si le détenteur n'y consent. La volonté du non-propriétaire fait échec à celle du propriétaire, ce qui est une contradiction : car la volonté du propriétaire, rationnellement, devrait tenir en échec toute autre volonté, et, pour faire du droit pratique, une seule considération pourrait autoriser à la méconnaître : le salut ou du moins l'intérêt commun.

Le droit de préférence est aussi anéanti : propriétaire et créancier sont traités de même sorte. Si bien, qu'on arrive à ce résultat étonnant : que le propriétaire voit vendre sa chose aux enchères sans pouvoir l'empêcher, et qu'il vient ensuite, mêlé aux simples créanciers chirographaires, toucher une partie du prix !

J'ai insisté sur ce point parce qu'après tant de livres sur le droit romain la critique de ce droit est encore à faire. Il me suffira de quelques mots pour indiquer le remède apporté à un état contraire à la nature même des choses. Je l'ai signalé déjà : c'est le pouvoir du préteur, puisé dans son *imperium*, d'assurer effectivement le respect de la propriété et de la chose publique en organisant les *cognitiones extraordinariæ*. Je ne prétends pas établir de théorie sur ce point, mais j'ai signalé, chemin faisant, plusieurs textes (1) qui permettraient de supposer qu'il en était fait un large usage, et, notamment, que sur bien des points on y avait recours concurremment avec les interdits. C'est ce qui avait lieu sans doute toutes les fois que l'intérêt public était en jeu : le bon sens impose cette solution.

Comment concevoir, en effet, qu'un particulier pût, moyennant une condamnation pécuniaire, entraver la navigation, arrêter les communications sur une route, tenir caché dans sa demeure un homme libre, tous actes dont le maintien était attentatoire à la sûreté de l'Etat? Le fr. 7, *Ne quid in loco publico* (XLIII-8), marque parfaitement quel était en tout ceci le sentiment des Romains : *Qui adversus edictum prætoris ædificaverit, tollere ædificium debet : alioqui inane et lusorium prætoris imperium erit.* Un autre texte montre que l'on réglait la situation au mieux de l'intérêt général (2) : *Si tamen obstet id ædificium publico usui, utique is qui operibus publicis procurat debebit id deponere, aut si non obstet, solarium ei imponere.* Il est clair que lorsqu'on eut ainsi le choix, c'est à la voie procurant l'exécution réelle que l'on recourait presque toujours. *Cui rei etiam extra ordinem subveniri potest*, dit Ulpien à propos de l'interdit *de migrando* accordé au locataire d'un fonds urbain qui veut enlever ses meubles après avoir payé son loyer. *Ergo*, ajoute le jurisconsulte, *infrequens est hoc interdictum* (3).

---

(1) Fr. 3, pr., *Ne vis fiat ei* (XLIII-4); 1, § 2, *Si ventris nomine* (XXV-5). *Adde*, fr. 5, § 27, *Ut in poss. legat.* (XXXVI-4); 1, § 1, *De inspic. ventre* (XXV-4).

(2) Fr. 2, § 17, *Ne quid in loco* (XLIII-8).

(3) Fr. 1, § 2 DE *migrando* (XLIII-32).

CONCLUSION

----

§ 26. — On a vu clairement par ce que j'ai dit, quel était l'instrument que l'on pouvait faire servir à la cause du progrès dans la matière des condamnations. C'était la *cognitio extraordinaria*, seule procédure capable de procurer l'exécution réelle de l'obligation du défendeur toute les fois qu'elle était possible. Le système ancien était peu pratique : on lui substituait le principe nouveau dans la mesure du possible, mais il fallait un acte législatif pour substituer l'un à l'autre. Ce fut l'œuvre de Dioclétien ; la procédure formulaire disparaît au profit de la procédure extraordinaire : à l'avenir, tout procès sera retenu par le magistrat qui en connaîtra personnellement autant que possible. Cette réforme générale contenait la suppression de l'ancien principe des condamnations. Les monuments de Justinien signalaient le résultat sans indiquer la source : c'est qu'il n'y a pas eu de ce chef une décision spéciale. De là vient qu'à cette révolution si importante dans le domaine de la procédure, on n'a rattaché aucun nom. C'est par voie de conséquence qu'elle s'est accomplie ; elle se trouvait en puissance, si je puis ainsi parler, dans la célèbre constitution de Dioclétien (1). Désormais, qu'il s'agisse d'une action fondée sur un droit réel, ou sur une créance de livraison, et même d'un autre fait, la condamnation portera sur l'objet même du droit, et l'exécution, toutes les fois qu'elle sera possible indépendamment de la volonté du défendeur, sera poursuivie avec l'aide de la force publique mise à la disposition de celui qui a obtenu gain de cause par le magistrat (2).

Alors seulement le droit romain atteignait le but que doit poursuivre toute législation : il assurait une satisfaction aussi complète que possible aux droits méconnus.

----

(1) Loi 2, Code de Just., *De pedaneis judic.* (III-3).
(2) § 32, Instit. (IV-6), Loi 14, Code de Just., *De sentent. et interloc.* (VII-45), 17, C. Just., *De fideicom. libert.* (VII-4).

TABLE DES MATIÈRES

INTRODUCTION.

§ 1. — Dans quelle mesure la loi peut-elle assurer aux personnes le respect de leurs droits ? — La contrainte à cet effet est légitime ; mais elle ne peut pas toujours procurer la prestation de l'objet même du droit : 1° impossibilité physique ; 2° impossibilité morale 1

§ 2. — Position de la question. — Exposition de la théorie généralement admise en France. — Etude de M. Brini sur ce sujet. — Point de vue nouveau de l'école philosophique allemande 2

PREMIÈRE PARTIE

SYSTÈME DES CONDAMNATIONS SOUS LE RÉGIME DES ACTIONS DE LA LOI.

§ 3. — L'histoire et la critique du droit n'ont pas existé chez les Romains. — Difficulté des problèmes d'histoire du droit romain 5

§ 4. — Discussion sur le § 48 du Commentaire IV des Institutes, de Gaïus. — De la lecture la plus vraisemblable il résulte que le principe des condamnations était autrefois tel qu'on le retrouve dans le système formulaire, c'est-à-dire que toute condamnation était pécuniaire à l'époque des actions de la loi. — Rapprochement entre les mots *æstimatâ re et l'arbitrium liti æstimandæ*. — Première proposition 6

§ 5. — Vérification de cette proposition à trois points de vue. — Premier point : le principe des condamnations pécuniaires est-il en harmonie avec la procédure des diverses actions de la loi ? 10

§ 6. — I. Procédure à fin de condamnation. — 1° *Sacramentum*. — Ce fut d'abord l'unique moyen de procédure. — Exposition et critique des divers systèmes sur la fonction du juge 12

§ 7. — Qu'est-ce que l'*arbitrium liti æstimandæ* ? — Exposition et critique des divers systèmes et notamment de l'opinion de M. Ihering. — Interprétation du dernier fragment des XII Tables. — A l'origine toutes obligations portent sur des sommes d'argent. — Deuxième proposition . . . 16

§ 8. — 2° *Legis actio per judicis postulationem*. — Quelle en était l'application ? — Explication de la formule : *Judicem arbitrumve postulo uti des*. — Double fonction du juge-arbitre. — Troisième proposition . . . 21

§ 9. — 3° *Legis actio per condictionem*. — Renvoi 22

§ 10. — II. Procédure d'exécution : 1° *Pignoris capio*. — Explication de cette procédure. — 2° *Manus injectio*, seule voie régulière. — C'est une contrainte par corps à l'effet d'assurer l'exécution d'obligations pécuniaires. — Quatrième proposition 23

§ 11. — Deuxième point : peut-on fournir une explication philosophique ou historique du principe des condamnations pécuniaires ? — Assimilation de toute lésion de droit à un délit contre la personne. — Principe des compositions pécuniaires. — Cinquième proposition 25

§ 12. — Troisième point : Le principe des condamnations pécuniaires est-il en contradiction avec les exigences économiques du temps où il est né ? — Fongibilité de tous les objets. — Règlement des *vindiciæ*. — Sixième proposition 27

DEUXIÈME PARTIE

SYSTÈME DES CONDAMNATIONS A L'ÉPOQUE DE LA PROCÉDURE FORMULAIRE.

§ 13. — Septième proposition : toutes condamnations sont pécuniaires. — Explication de ce principe en supposant que les condamnations portaient auparavant *in rem ipsam*. — 1° Système de MM. Zimmern et Ortolan. — 2° Système de M. Accarias. — Du prétendu caractère contractuel de la *litis contestatio* 29

§ 14. — La procédure formulaire tire son origine de la *legis actio per condictionem*. — Argumentation de M. Brini. — Huitième proposition. . 34

§ 15. — Application de la procédure nouvelle aux actions réelles. — Coexistence de la procédure *per sacramentum* et de la *formula petitoria* . 36

§ 16. — Formule arbitraire. — Progrès accompli dans le système des condamnations 38

§ 17. — Première question : quelles sont les actions arbitraires ? — Interprétation du § 31 des Institutes, *De actionibus*. — Système de M. Zimmern. — Système de M. de Savigny ; critique de ce système. — Neuvième proposition. 39

§ 18. — Deuxième question : Quels étaient les moyens de contraindre à l'exécution du *jussus*. — Les mots *manu militari* ont-ils été interpolés dans le fragm. 68 d'Ulpien *De rei vindicatione?* 44

§ 19. — Système de MM. Zimmern et Pellat en faveur de l'exécution forcée du *jussus*. 47

§ 20. — Système contraire de M. Demangeat. — Réfutation de la théorie précédente. — Dixième proposition. — Explication du fr. 68 par M. Demangeat. 49

§ 21. — Critique de cette explication. — Exposition de notre système : le fr. d'Ulpien était spécial à la matière des fidéicommis. — Interpolation du dernier alinéa du texte 51

§ 22. — Explication du fr. 21, § 4, D. *De operis novi nuntiatione*. — Onzième proposition 55

§ 23. — L'exécution du *jussus* était assurée par des moyens indirects de contrainte. — *Juramentum in litem*. — Était-il exclusivement propre aux actions arbitraires ? — Critique de la théorie de MM. Wangerow et de Savigny. — Douzième proposition 57

§ 24. — Comprenait-on dans l'estimation la valeur d'affection ? — Examen et rejet d'une opinion de M. Wangerow 61

§ 25. — Critique du système romain des condamnations à l'époque formulaire. — Remède auquel il fallait recourir. 62

CONCLUSION

§ 26. — La substitution du système des condamnations *in ipsam rem* à celui des condamnations pécuniaires est la conséquence de la constitution de Dioclétien qui change la forme de la procédure 65

LYON. — IMPRIMERIE SCHNEIDER FRÈRES, QUAI DE L'HOPITAL, 12